AF368767

Érase una Vez...

Tu Vida

Virginia Ortega Langreo

Érase una Vez...

Tu Vida

"Tienes la oportunidad de mejorar tu historia
cada día. Hazla única"

Nota a los lectores: Esta publicación contiene las opiniones e ideas de su autor. Su intención es ofrecer material útil e informativo sobre el tema tratado. Las estrategias señaladas en este libro pueden no ser apropiadas para todos los individuos y no se garantiza que produzca ningún resultado en particular. Este libro se vende bajo el supuesto de que ni el autor, ni el editor, ni la imprenta se dedican a prestar asesoría o servicios profesionales legales, financieros, de contaduría, psicología u otros. El lector deberá consultar a un profesional capacitado antes de adoptar las sugerencias de este, la integridad de la información o referencias incluidas aquí. Tanto el autor, como el editor, la imprenta y todas las partes implicadas en el diseño de portada y distribución, niegan específicamente cualquier responsabilidad por obligaciones, pérdidas o riesgos, personales o de otro tipo, en que se incurra como consecuencia, directa o indirecta, del uso y aplicación de cualquier contenido del libro.

Este libro no podrá ser reproducido, ni total ni parcialmente, sin previo permiso escrito del autor. Todos los derechos reservados.

Título: Érase una vez...tu vida

© 2020, Virginia Ortega

Autoedición y Diseño: 2020, Virginia Ortega

Primera edición: abril de 2020

ISBN-13: 978-84-18213-25-0

La publicación de esta obra puede estar sujeta a futuras correcciones y ampliaciones por parte del autor, así como son de su responsabilidad las opiniones que en ella se exponen.

Quedan prohibidas, dentro de los límites establecidos por la ley y bajo las prevenciones legalmente previstas, la reproducción total o parcial de esta obra por cualquier medio o procedimiento, ya sea electrónico o mecánico, el tratamiento informático, el alquiler o cualquier forma de cesión de la obra sin autorización escrita de los titulares de copyright.

Para ti, para que tu vida se transforme y seas consciente de lo que de verdad importa.

Abre tus ojos y haz que tu vida cuente.

No dejes pasar ni un día más y pasa a la acción…

¡Ahora!

AGRADECIMIENTOS:

Agradezco en primer lugar a la vida, por enseñarme cada día lo que de verdad es importante y lo que me hace crecer.

Quiero agradecer también todas y cada una de las experiencias que he vivido y que me quedan por vivir, ya que sin ellas no me habría dado cuenta nunca de la gran suerte que tengo de poder compartir lo que he aprendido contigo.

A mi familia, que siempre me ha apoyado.

A todas esas personas que se han cruzado en mi camino, porque me hicieron reaccionar y sacar el máximo partido a cada uno de los minutos de mi existencia.

Millones de gracias a todos los que me habéis acompañado y a los que me acompañareis en este maravilloso camino.

El 10 % de la venta de mis libros serán donados a obras benéficas, a personas que pueden necesitar más ayuda que yo.

Vamos entre todos a crear un mundo mejor, por los que se fueron y por los que vendrán.

¿Me acompañas?

INTRODUCCIÓN

¿Eres realmente consciente del gran regalo que tienes en tus manos?

La vida es ese gran misterio, esa maravillosa aventura que, sin saber por qué, puedes disfrutar cada día.

Sí, digo disfrutar, aunque en alguna ocasión hayas pensado que puede llegar a ser demasiado dura, ya que todo depende del enfoque que le des a tu existencia.

La vida te da momentos, eres tú el que decides si los vives o no. Únicamente ten presente una cosa: nadie los va a vivir por ti.

Lo más importante es que TÚ te sientas bien contigo mismo y con lo que haces, así que...

CAMBIA ESOS HÁBITOS QUE NO TE DEJAN AVANZAR Y TU EXISTENCIA TENDRÁ SENTIDO.

SERÁ ENTONCES CUANDO EMPEZARÁS A VIVIR PLENAMENTE.

La vida es lo que tú quieres que sea, así que decídete de una vez por todas y elige el camino correcto.

No te rindas nunca porque tu existencia es eso, perseguir tus sueños hasta que logres alcanzarlos y hacer que el viaje tenga sentido.

Con voluntad y ganas de aprovechar al máximo esta gran oportunidad, conseguirás disfrutar de una vida espectacular, como siempre has soñado, pero lee atentamente el siguiente consejo: <u>cuídate, cuídate de la mejor manera que seas capaz.</u>

Cuídate física, mental y emocionalmente, y haz que tus intenciones se cumplan.

En este libro te voy a explicar unas pautas que han hecho que mi vida cambie por completo, para que tú también puedas crear una serie de hábitos que solo te pueden llevar hacia la victoria.

Todos y cada uno de nosotros hemos adquirido hábitos a lo largo de los años, son difíciles de cambiar, lo sé, pero créeme que **si de verdad quieres, puedes.**

Este libro no es para leerlo y dejarlo a un lado, aquí te explico la manera de evolucionar y debes tenerlo presente cada día para así, poco a poco, ir transformando tu realidad y adquiriendo nuevas costumbres.

Lo primero que debes tener en cuenta es que tu vida está marcada completamente por los hábitos que tienes integrados en tu inconsciente y que, en la gran mayoría de ocasiones, te pasan desapercibidos.

Es decir, todas esas costumbres que has adquirido desde el momento en el que naciste y que has integrado en tu manera de hacer y de vivir.

Algunos de esos hábitos te hacen crecer en tu día a día y otros muchos, sin darte cuenta, te llevan a una vida vacía y sin sentido.

¿Te has parado a pensar hacia dónde has dirigido tu vida?

¿Te rodeas de personas que te ayudan a construir un mundo mejor para ti y los que quieres?

> El hábito es la confluencia entre el conocimiento, la habilidad y el deseo.

Es sencillo, lo único que debes hacer es tomar conciencia y adoptar como tuyos todos esos patrones que te harán vivir la vida que siempre has soñado, y que quizá alguien te dijo que era imposible para ti.

"Muere lentamente quien se transforma en esclavo del hábito, repitiendo todos los días los mismos trayectos, quien no cambia la marca no arriesga vestir un color nuevo, quien hace de la televisión su guía, quien evita la pasión, quien no arriesga lo cierto por lo incierto para ir detrás de un sueño, quien no se permite por lo menos una vez en la vida huir de los consejos sensatos. Muere lentamente quien no viaja, quien no lee, quien no oye música, quien no encuentra gracia en sí mismo".

Pablo Neruda.

Todo en la vida es posible si te lo propones, créeme.

Camina hacia delante y sin mirar atrás, aprendiendo de cada paso en falso y tomando las decisiones correctas.

El hábito es la confluencia entre el conocimiento, la habilidad y el deseo.

El conocimiento te enseñará qué es lo que debes hacer, la habilidad te indicará la manera de hacerlo y el deseo es la motivación personal que te impulsa a conseguirlo.

"Primero formamos los hábitos y luego ellos nos forman. Conquista tus malos hábitos o ellos te conquistarán a ti".

Rob Gilbert.

Así que nunca dudes y cambia poco a poco tu mentalidad.

Sé que no es fácil, pero ¿quién dijo que sería fácil?

Toda evolución comporta un esfuerzo, que te aseguro que merece la pena cuando de verdad consigues ser quién de verdad quieres ser y consigues todos y cada uno de los propósitos que te has marcado.

Acompáñame en esta aventura y te enseñaré cada uno de los hábitos que han cambiado mi vida, para que tú también puedas mirar atrás y no reconozcas a la persona que fuiste un día.

¿Te atreves?

ÍNDICE

CUERPO, MENTE Y ALMA. 17

1. VIVE EL PRESENTE 41

2. A QUIÉN MADRUGA... 51

3. ACTIVA TU CUERPO 61

4. RELATIVIZA LOS PEQUEÑOS PROBLEMAS 71

5. MUÉVETE. 83

6. NUTRE TU CUERPO, NO TE LIMITES A COMER 93

7. DESCANSA, RECÁRGATE DE ENERGÍA 115

8. DESHAZTE DE COSAS INÚTILES PARA TU VIDA . . 125

9. POTENCIA TUS VIRTUDES 133

10. TRÁTATE CON AMOR 143

11. MEDITA 153

12. APRENDE A DISFRUTAR DE LAS PEQUEÑAS

    COSAS. 163

Lain García Calvo. 169

CUERPO, MENTE Y ALMA

"Para conservar el equilibrio, debemos mantener unido lo interior y lo exterior, lo visible y lo invisible, lo conocido y lo desconocido, lo temporal y lo eterno, lo antiguo y lo nuevo".

John O' Donohue.

Todo ser vivo dispone de tres planos que le ayudarán a relacionarse con lo material y lo intangible, aunque, bajo mi punto de vista, no existe una separación real entre cada una de esas partes, sino que están íntimamente relacionadas entre sí. Sin embargo, para que puedas entender el concepto básico y trabajar de la mejor manera posible, es mucho más efectivo explicarlos por separado.

Cada una de estas tres partes debe funcionar como un gran equipo, compartiendo entre ellas el mismo propósito: LLEGAR AL EQUILIBRIO.

1. **Cuerpo.**

"El cuerpo humano es el carruaje: el *yo,* el hombre que lo conduce, el pensamiento son las riendas y los sentimientos, los caballos".

Platón.

El cuerpo hace referencia a todo lo físico y con él recoges cada día toda la información del exterior.

Utilizas tus sentidos (que Aristóteles clasificó en vista, olfato, oído, tacto y gusto) y crees que los datos que posees, basados en tu percepción del mundo, son los correctos, pero no es así.

Descartes en su momento afirmó rotundamente que no podíamos confiar en ellos, ya que el conocimiento que poseemos de todo lo que nos rodea depende de nuestro cerebro. Su función es filtrar toda la información que recibe, la procesa al igual que un ordenador y la hace consciente a su manera.

Seguro que el ejemplo que te voy a explicar ya lo has vivido alguna vez en tu vida: ¿recuerdas haber visitado, muchos años después, algún lugar en el que pasaste tu infancia y tener una visión totalmente diferente a lo que recordabas?

Es solo un ejemplo, pero ¿te has dado cuenta?

Dependiendo del momento que estés viviendo, tu situación emocional y muchos factores, la percepción varía de manera espectacular.

Gran parte de lo que sucede a tu alrededor te pasa desapercibida, no eres consciente de todo lo que te rodea.

Pregúntate: ¿cómo llegas a saber lo que sabes? ¿Qué es lo que te hace estar seguro de que tu pensamiento es el correcto?

Es por eso que cada persona experimenta su realidad de una manera diferente y, créeme, todas son correctas.

Todas y cada una de las personas que te rodean tienen una verdad *absoluta* que defender, pero todo lo que experimentamos, recordamos y sentimos es relativo.

¿Alguna vez has discutido acaloradamente con alguien por un tema que veíais de un modo completamente diferente?

Debes entender que la verdad absoluta no existe y que es más que probable que las dos versiones de un hecho sean igual de reales, pero percibidas de manera diferente.

Nuestro cuerpo es una parte fundamental para poder existir en el plano físico y, si analizas cómo actúas cada día de tu vida, te darás cuenta de que no lo cuidas como deberías hacerlo.

¿Te gustaría vivir una vida longeva y colmada de salud?

Reacciona, no esperes a que sea demasiado tarde, ya que pequeños gestos adquiridos como hábitos te pueden llevar a una vida plena y feliz.

Lo sé, cuesta romper los patrones que has adquirido durante todos estos años.

Todos tenemos algún que otro conflicto que no nos deja avanzar a la velocidad que nos gustaría, pero te aseguro que si crees en ti y tomas la decisión con firmeza, en más o menos tiempo lo vas a conseguir.

Respóndeme a la siguiente pregunta: ¿tratas a tu cuerpo con el respeto que se merece?

Ahora es cuando aparecen en tu mente todas esas excusas que te harán caer al vacío irremediablemente, a no ser que seas capaz de ver que todos esos pensamientos no son reales y aparecen por culpa de tus miedos:

—No tengo tiempo…

—No tengo dinero…

—Es muy difícil…

—No estoy tan mal…

—Me lo pensaré…

—Me da pereza…

Y decenas de estupideces más (si me permites la expresión) que hacen que te conformes con lo que tienes, aunque no sea lo que te mereces.

¡Déjate ya de tonterías y reacciona de una vez por todas!

¡El tiempo pasa!

¡Hazlo ahora, que aún no es demasiado tarde!

Como ya sabes, los riñones, el hígado, el corazón… son los órganos que hacen que te sientas vivo a un nivel puramente físico, por lo que debes darles la suficiente importancia si quieres que todo el conjunto esté al máximo rendimiento.

En la sociedad en la que vivimos se da mucha importancia a la apariencia física: nos venden tratamientos de belleza extremadamente caros para que luzcamos maravillosos, nos insisten para que gastemos el dinero en ropa innecesaria únicamente para poder mostrar al mundo nuestra mejor versión, pero…

¿Crees que todo eso tiene sentido si no cuidas verdaderamente tu salud?

Pasarán los años y, si no has tomado la decisión de cuidar tu cuerpo a conciencia por dentro, estarás completamente consumido y agotado.

Tu esperanza de vida será mucho menor, aunque el reflejo que hayas mostrado en el espejo durante años sea de una persona extraordinariamente saludable.

Deja de centrarte en sobrevivir y disfruta de una vida con sentido.

Normalmente cuando vives una situación límite, como una enfermedad grave, la pérdida repentina de un ser querido o alguna situación parecida, sientes miedo.

Ese miedo te hace reaccionar y tu mente se pone en situación de alerta.

Puede que en ese momento tomes decisiones radicalmente distintas a la hora de cuidarte, pero te pido el siguiente favor: **no esperes a que sea demasiado tarde, toma conciencia ahora.**

Como te comentaba antes, cuerpo, alma y mente están relacionados, así que trabaja cada una de estas partes lo mejor que puedas.

-La preocupación afecta a tu cabeza.

-La tristeza a tus pulmones.

-El enfado al hígado.

-La angustia al estómago.

-La frustración al páncreas.

"El cuerpo es el instrumento del alma".

Aristóteles.

Observa tu cuerpo con cariño, te aseguro que constantemente te envía señales importantísimas para ti, aprende a escucharlas y a interpretarlas para mejorar tu vida.

Tu cuerpo grita lo que tu boca no es capaz de expresar, nunca lo silencies.

-La gran mayoría te veces te resfrías por no llorar, es el medio por el que liberas toda esa tristeza acumulada y que no has sabido expresar.

Gracias a ello eliminas toxinas, el cuerpo y el alma se deshacen de todo aquello que contaminaba tu ser.

-Te duele la garganta cuando no expresas todo lo que te inquieta.

Aprende a aceptar todo aquello que vives y nunca te arrepientas de las decisiones que has tomado, ahora es el momento perfecto para olvidarte de la culpa y decir exactamente lo que piensas sin vivir a expensas del *qué dirán*.

-<u>Te duele la cabeza cuando dudas de quién eres o qué debes hacer.</u>

Haz un ejercicio: la próxima vez que te duela la cabeza, y siempre que hayas confirmado gracias a la medicina que tu cuerpo funciona correctamente, analiza cuál es exactamente la situación que estás viviendo en ese momento.

¿Sientes frustración?

¿Has entrado en conflicto sin darte cuenta con una persona o con una situación en concreto?

Tu cuerpo se está quejando sin utilizar las palabras. Resuelve ese problema de la mejor forma posible, pero nunca lo evites.

Verás cómo tu dolor de cabeza remitirá.

-<u>La alergia aparece cuando el perfeccionismo roza lo irracional.</u>

Existen teorías basadas en la biodescodificación que defienden que las personas alérgicas tienen, de alguna manera, problemas con la agresividad y miedos irracionales que son incapaces de solucionar.

La alergia aparece cuando vives contradicciones internas y no encuentras salida, por lo que si existen traumas emocionales, los debes trabajar.

Te puede parecer extraño, pero... ¿tienes algo que perder si abres tu mente y decides trabajar tu interior para mejorar tu calidad de vida?

¿Qué actitud adoptamos cuando nos encontramos con este tipo de afección? Evitamos los alérgenos, pero así lo único que conseguimos es desviar el problema momentáneamente.

En una ocasión conocí a un doctor que me recomendó todo lo contrario: me aseguró que si convives con todo aquello que te produce los síntomas, refuerzas tu cuerpo para superar poco a poco las limitaciones que te acompañan.

-<u>La presión arterial aumenta cuando el miedo no te deja vivir.</u>

Sientes estrés y más estrés, sientes que la vida se te escapa.

Toma la decisión acertada, simplifica en la medida de lo posible las tareas programadas en tu agenda, duerme las horas necesarias y no le des vueltas absurdas a problemas que probablemente ni siquiera existan.

"La enfermedad es un conflicto entre la personalidad y el alma".

Bach.

Nuestra medicina occidental está basada en tratar los síntomas y las enfermedades por medio de medicamentos, pero no logra identificar en todos los casos el motivo que las ha creado (que en muchas ocasiones, y me baso en mi propia experiencia, son causas emocionales).

Un claro ejemplo es la acidez de estómago.

Bien, este es el caso de un problema leve, es decir, no te causará la muerte, pero… ¿qué te han enseñado que debes hacer cuando te sientes incómodo y sufres este problema?

Los médicos, la televisión, la radio, los farmacéuticos... te han dicho que debes neutralizar esos ácidos con una pastillita mágica que te hará sentir mejor, ¿verdad?

Tu cuerpo necesita ese ácido y sin él no podría asimilar vitaminas como la B12, el ácido fólico, el magnesio y el calcio.

Si tú reduces el ácido con los fármacos, las bacterias malas sobrevivirán en el estómago y tu páncreas dejará de segregar enzimas fundamentales para la digestión.

¿Has analizado el tipo de alimentos que consumes cada día de tu vida?

¿Bebes alcohol normalmente?

¿Tomas café de manera excesiva?

Algo fundamental es adoptar como tuya una alimentación correcta, beber toda el agua que tu organismo necesita, buscar soluciones reales y, sobre todo, nunca tapar los problemas.

Una solución alternativa para eliminar ese ardor puede ser una terapia manual o un fisioterapeuta.

Estas terapias alternativas pueden ayudarte a relajar el diafragma y, con ello, la posible tensión que pueda existir para que no sufras de reflujo.

A mí me funcionó y no he vuelto a necesitar ninguna pastilla para disfrazar el problema.

Te he explicado esto basándome en mi experiencia personal.

Yo no he estudiado la carrera de Medicina, pero la experiencia me ha enseñado a abrir los ojos y no creer a pies juntillas todo lo que nuestra sociedad nos ha enseñado.

¿Por qué no abrir un poco tu mente?

Elimina ese horrible hábito de medicarte para evitar pequeños malestares o dolencias que seguramente puedes resolver de una manera mucho más natural, buscando cuál es el verdadero origen del problema y nunca tapando o calmando los síntomas que te están haciendo sufrir.

> La capacidad del cuerpo para recuperarse y recomponerse de una enfermedad es extraordinaria, lo único que debemos hacer es cuidarlo como realmente se merece y confiar en él.

Por supuesto que la medicina existe para sanarnos, nunca la he puesto en duda, pero si aprendes a cuidar tu cuerpo de una manera sana y responsable, te aseguro que la necesidad de visitar a un médico casi desaparecerá de tu vida.

2. Mente.

"Si la mente está ocupada con pensamientos positivos, es más difícil que el cuerpo enferme".

Dalái Lama.

La mente es tu parte creativa y, gracias a este instrumento, generas ideas y pensamientos que te hacen ser la persona que eres, manifestándolo en hechos y en tu día a día. Su función en la vida es buscar tu supervivencia.

El gran error es que, sin ni siquiera darte cuenta, utilizas la mente para analizar cada uno de los sucesos que acontecen en tu vida, y eso te hace vivir en un estado de confusión que para nada es positivo.

Quiero que te detengas por un momento y leas detenidamente lo que te voy a explicar: **en el momento en que tu mente empieza a crear, la energía fluye de tu interior hacia fuera, sin embargo, cuando analizas, es tu cuerpo el que se dedica a recoger información del exterior, gracias a los sentidos y a las experiencias vividas, que interiorizas y das vueltas y más vueltas sin conseguir en muchas ocasiones absolutamente nada.**

Bajo mi punto de vista, se ha creado una idea negativa acerca de la mente que no comparto para nada, al tacharla de dañina e incluso destructiva para ti.

Debes ser totalmente consciente de cuál es su verdadera función y aprender a dominarla y utilizarla de manera correcta.

¿Conoces el efecto placebo?

El efecto placebo es la prueba científica de que tienes la capacidad de curarte en muchos casos a ti mismo, únicamente usando tu mente y tus sentimientos.

Tus pensamientos son tan poderosos que pueden hacer que te sanes sin necesidad de medicina, simplemente haciendo creer al cerebro que la medicación que estás consumiendo es la cura de todos tus males, aunque únicamente esté compuesta por azúcar.

¿Cuándo vamos a empezar a ser conscientes de esta gran realidad?

Tu mente no es un instrumento para tomar decisiones en ninguno de los casos, no caigas en ese gran error.

Sin ni siquiera darte cuenta, a lo largo de tu vida has ido acumulando información que, si me permites la expresión, has guardado en tu *disco duro*.

Todos esos datos, como ya te he comentado anteriormente, pocas veces son fieles a la verdad, ya que con el paso del tiempo tienden a distorsionarse y a crear su propia realidad.

Toda esa información es positiva, siempre y cuando no la analices de manera enfermiza.

Insisto, no busques soluciones o caminos que seguir a través de tu mente, ya que tanta información hace que te muevas por miedo.

Cada día tenemos más de 60.000 pensamientos, el 80 % de estos suelen ser negativos y no están precisamente enfocados en el momento presente. Si tus pensamientos son negativos, te vas a sentir muy mal.

Por el contrario, si consigues que en general tus pensamientos sean positivos, te vas a sentir muy bien.

En función de cómo te sientas, tus decisiones serán unas u otras y tus acciones te harán evolucionar o paralizarte por completo.

> Piensas, sientes y actúas en función de tus creencias.

Las personas que te han rodeado desde que eras niño, es decir, tus padres, tus amistades, tus maestros de vida... te han programado, incluso sin darse cuenta, con unos patrones que no tienen que ser siempre positivos.

Esos patrones han limitado tu vida y te han hecho creer que lo que de verdad deseabas era algo imposible de conseguir, o quizá que no eras suficiente hábil o bueno para poder lograrlo.

Todos esos estímulos han creado tus programas mentales y han hecho que tengas la vida que hoy estás viviendo, manteniéndote en una burbuja simbólica durante años, en la que te sentías protegido, fuera de peligro.

Marca tus objetivos en la mente y no dudes de ti.

Eres capaz de conseguir muchas más cosas de las que ahora crees.

Lo primero que debes hacer es controlar todos esos estímulos, de los que ya hemos hablado anteriormente: opiniones vacías, programas de televisión sin sentido, miradas de desprecio…

En ocasiones, ciertas personas me han asegurado que toda esa información negativa, con el paso de los años, ya no les condiciona, asegurando que aunque convivan cada día al lado de personas tóxicas, ya no les afecta.

Eso no es cierto. Debes apartar de tu vida todo aquello que te robe energía y no te deje avanzar. Aleja todo eso radicalmente, no tengas ningún tipo de reparo. Te lo aseguro, toda la información que llega a ti te condicionará el resto de tus días, sé inteligente y reacciona.

Aunque tú no te des cuenta, esas vivencias van marcando tu manera de sentir, de hacer y de crecer.

Así que, en la manera de lo posible, selecciona todas aquellas experiencias de tu entorno que te hagan crecer y deshecha toda esa información que no te aporta nada positivo.

¿Cómo saber qué es lo que debes apartar de tu vida?

Es más sencillo de lo que puedas pensar ahora mismo.

Intenta prestar atención en tu día a día a las reacciones que experimentas, es decir, toma conciencia de si esa información que estás recibiendo te hace sentir bien o mal.

¿Cómo te sientes cuando ves las noticias en la televisión?

¿Te sientes triste, enfadado, indignado?

¿Puedes hacer algo para solucionar alguno de los conflictos que te están mostrando?

Bien, entonces toma decisiones. Responde a estas preguntas interiormente y sé inteligente.

Debes intentar que a tu mente únicamente llegue lo mejor en todos los sentidos, ya que gran parte de la información y muchas de las experiencias que te fuerzas a vivir no son necesarias para tu vida.

Elimina lo prescindible.

Bien, entonces… ¿cómo tomo mis decisiones?

La respuesta es muy simple: dejándote llevar por tu alma, por tus sentimientos o lo que algunas personas llaman **intuición.**

Te puede parecer arriesgado al principio, pero para nada lo es.

El cerebro, a la hora de tomar decisiones, te dará respuestas racionales. Si le planteas una pregunta, te responderá con afirmaciones basadas en tus experiencias pasadas para que escojas el camino.

Tu alma, por el contrario, responderá de manera clara y concisa, basándose en lo que de verdad deseas.

Te voy a poner un ejemplo.

Conoces a una persona en tu entorno que te hace sentir bien, sientes que es especial, la conexión entre vosotros va más allá de lo que pueda ser físico, como se dice vulgarmente, habéis conectado. Llega un momento en el que te planteas dar un paso más hacia delante y quizás tomar una decisión.

La pregunta es la siguiente: ¿intento acercarme más a esa persona? Si le preguntas a tu mente, es probable que te responda con una lista de puntos positivos y puntos negativos, basándose, como ya te he dicho anteriormente, en experiencias pasadas (posibles desengaños amorosos ya vividos, repercusiones que puedas tener si sale mal…), pero si le preguntas a tu corazón, la respuesta suele ser simple: sí o no.

Ese impulso que llegas a sentir no analiza en ningún momento, se basa en lo que de verdad te gustaría vivir.

¡Arriésgate!

¿Y si dejas de pensarlo tanto y simplemente lo intentas?

Desde que aprendí a tomar decisiones de esta manera y a intentar reprogramar mi mente subconsciente, la vida me sonríe.

Si me equivoco, no tengo ya ese pesar de no haber hecho lo que de verdad deseaba.

Verás que desaparece de tu mente esa horrible pregunta de "¿Qué habría pasado si…?". Créeme, lo habrás intentado.

Utiliza tu mente para crear los caminos que te lleven a lo que tu alma necesita, la idea es muy clara: ESCUCHA A TU CORAZÓN.

3. Alma

"El alma siempre sabe qué hacer para curarse a sí misma. El reto consiste en silenciar a la mente".

Caroline Myss.

Aunque durante muchos siglos la ciencia ha negado la existencia del alma, hoy en día hay muchos estudios científicos que buscan pruebas evidentes de que existe para así poder dar una explicación más racional a algo que no acabamos de entender.

Desde el comienzo de la humanidad ha existido una gran inquietud sobre este tema y, aunque ahora mismo puede que estés pensando que no hay evidencia científica que lo confirme, te ruego que abras tu mente e intentes entender también lo que a continuación te explico.

Diversas experiencias vividas me han hecho creer en una realidad muy diferente a la que nos han enseñado desde que nacimos, una realidad que, bajo mi punto de vista, se caracteriza por ser vacía y sin ningún sentido.

Todo es respetable, pero quería compartir estas grandes enseñanzas contigo.

El alma es, según muchas teorías, una entidad inmaterial que consigue dar vida al cuerpo. Es también inmortal y su propósito es guiarte a lo largo de tu vida, hasta que consigas crecer y evolucionar.

Esa energía es la que te hace único e irrepetible. Aunque todos estamos dotados de un cuerpo y una mente, el alma te hace único.

Si nos paramos a analizar las religiones que han acompañado a la humanidad a lo largo de la historia, podemos comprobar que siempre han apoyado esta idea, aunque la hayan encajado de diferentes maneras dentro de sus creencias.

Nosotros, como seres racionales, siempre intentamos buscar la explicación lógica a cada una de las cosas que vivimos y, si no encontramos una respuesta que no nos deja ninguna duda, tendemos a desecharla.

"Aquel que lo piensa mucho antes de dar un paso, se pasará toda su vida en un solo pie".

Proverbio chino.

Para la ciencia, el alma es una invención de las religiones, pero en el momento en que le das un sentido a tu vida, créeme que todas las experiencias por las que pasas día a día tienen sentido.

En el año 1907, el doctor estadounidense Duncan MacDougall publicó un estudio en el que planteó que las almas tienen peso físico e intentó medir la masa perdida al fallecer, cuando el alma parte del cuerpo, llegando a la conclusión de que el alma pesa unos cuantos gramos.

Hoy en día, las creencias occidentales y la metafísica del mundo oriental intentan darse de alguna manera la mano, y cada vez están más próximas la una de la otra.

El doctor estadounidense Rick Strassman se dedica a buscar un camino que una el mundo físico y el mundo inmaterial, y afirma haber encontrado el lugar por donde el alma entra en nuestro cuerpo y por donde sale en el momento que fallecemos.

Después de analizar diferentes estados de conciencia del ser humano, se afirma que la clave se encuentra en la glándula pineal, situada en lo más profundo del cerebro.

Los científicos afirman que aproximadamente a los cuarenta y nueve días de gestación aparece en el feto humano dicha glándula, que produce una sustancia (DMT) que nos abre la puerta a soñar cada noche, a meditar conectándonos con nuestro verdadero ser o a vivir experiencias extraordinarias justo antes de morir. Según el doctor Strassman, hay otro mundo aparte del físico, afirmación que abre nuevas puertas al más allá de la vida tal y como se nos ha enseñado desde pequeños.

Existiría entonces una realidad espiritual.

En el momento en que te enfrentas a tus miedos y empiezas a entender el verdadero significado de la vida, comienzas a ser consciente de que la gran mayoría de esos miedos no eran reales.

Debes estar atento a las señales que se presentan en tu camino, pues son las que te van a indicar si vas por el correcto.

Cuando cuidas esas tres grandes partes que forman tu ser, le encuentras sentido a tu existencia y la vida se transforma.

La ilusión y la energía de cuando eras niño vuelven a ti, ya que nunca desaparecieron, simplemente permanecían aletargadas dentro de ti.

Todo es perfecto tal y como es, así que confía y cuídate para poder ofrecer al mundo tu mejor versión.

También debo decirte que soy consciente de que en tu vida aparecen momentos difíciles, te hundes en la miseria cuando no ves solución a alguno de los retos que se te plantean.

Ese sentimiento es humano y debes experimentarlo, pero siempre camina hacia delante, aunque tus pasos sean más cortos y dolorosos. Aunque quieras renunciar, continúa intentándolo hasta que lo consigas. No pierdas la confianza en tus posibilidades, antes o después conseguirás dar un gran salto en tu vida, te lo aseguro.

- 40 -

Cree en ti y en la vida y verás cómo con constancia, y casi sin que te suponga un esfuerzo, tendrás la felicidad instalada en tu corazón.

VIVE EL PRESENTE

"Cuando te sientes amigo del presente, te sientes como en casa dondequiera que estés. Si no te sientes cómodo en el ahora, te sentirás incómodo dondequiera que vayas".

Eckhart Tolle.

Aún no eres quién vas a llegar a ser, cada día aprendes algo nuevo que te hará ver la vida de una manera diferente.

¿Cuántas veces te has sorprendido pensando en el pasado o en el futuro, en lugar de ser consciente de lo que debes hacer ahora?

El presente es lo único que tienes, así que no te dejes llevar por las masas o por el sistema capitalista que te rodea.

Si te dejas llevar por las obligaciones diarias sin pensar más allá y por las distracciones absurdas, como estar horas y horas en tus redes sociales, estarás derrochando tu tiempo presente, y este nunca más volverá.

No dejes pasar de largo las oportunidades, ya que no sabes si se volverán a presentar de nuevo en tu camino.

El cerebro está programado para vivir en el pasado, almacenando una y otra vez recuerdos que te hacen elegir un camino u otro, y condicionando de manera inconsciente todas esas experiencias que se irán presentando en tu vida.

El Dr. Joe Dispenza afirma lo siguiente: "Podemos elegir entre dos caminos: seguir viviendo en función de las memorias pasadas, lo que significa vivir con un destino predefinido; o puedes elegir asumir tu rol de creador y empezar a vivir definido por una visión de futuro".

La física cuántica o la psiconeuroinmunología nos enseñan a ver la vida de manera diferente.

Deja de recordar una y otra vez los sucesos que marcaron tu pasado y céntrate en recordar tu futuro.

¿Qué te quiero decir con esto?

No, no me he vuelto loca, se trata de engañar a tu cerebro de una forma muy sencilla: creando tu propia realidad futura.

El cerebro usa las mismas regiones cerebrales al recordar experiencias ya pasadas y al imaginar el futuro que estás creando.

Cada día le das confianza plena a tu cerebro y no eres consciente de que te engaña continuamente, manipulando tus recuerdos una y otra vez.

Te hace creer que aquello que guardas en tu mente es real, cuando lo más posible es que no sea del todo cierto.

El cerebro es capaz de coger momentos actuales e introducirlos en tu pasado, haciéndote dudar incluso de lo que hiciste hace solo unos cuantos días.

La meditación, como ya te he explicado en *Declárate en victoria* y *Saber amarte*, es una gran herramienta para poder aprender a dominar y crear tu destino.

Piensa en tu futuro, en cómo quieres que sea tu vida a partir de hoy, y conforma tu realidad.

Deja a un lado el papel de víctima y adopta la actitud correcta.

¿Eres de los que se queja continuamente de la situación que *le ha tocado vivir*, pero sigue anclado en esa situación e incapaz de encontrar la salida?

Espero que no, pues esa actitud no te lleva a ningún sitio, te lo aseguro.

Si consigues tener claro cuáles son los motores que impulsan tu vida, es decir, tu propósito, podrás soportar casi todos los retos que se presenten en tu camino.

> Ese es el gran secreto: vivir sintiéndote realizado con quién eres y con lo que haces.

Hagamos una pequeña reflexión.

Muchas de las enfermedades aparecen cuando el nivel de estrés que presentas es superior al que puedes soportar.

Ciertas emociones generan enfermedades que lo único que intentan es ponernos en alerta, como ya te he explicado anteriormente, y… ¿qué haces cuando esto sucede? En muchas ocasiones silenciar esos síntomas con medicación, que para nada soluciona el problema.

Las emociones van íntimamente relacionadas con diferentes partes de nuestro cuerpo, y entonces te preguntarás: "¿Cuál es la manera correcta de solucionarlo?". Pues bien, buscar hasta encontrar esas creencias que te limitan y borrarlas de tu día a día.

Sin embargo, esas creencias nos marcan genéticamente y se van acumulando durante la vida.

Ahora hagamos un ejercicio: observa tus reacciones ante determinadas situaciones que te ponen incómodo, pon toda tu atención, sé crítico contigo mismo.

Entonces entenderás el origen de lo que de verdad debes cambiar, que son esas creencias negativas de las que hemos hablado y que no te dejan ser todo lo feliz que te mereces.

Si cambias esas creencias, cambias tus acciones y, entonces, tus resultados serán espectaculares.

Educa tu mente, dentro de ella existen tres partes muy diferenciadas:

1. **Consciente:** en ella se produce aproximadamente el 5 % de los pensamientos que nos llevan a tomar diferentes decisiones. Es en la que desarrollas directamente la inteligencia y la que utilizas para adquirir el conocimiento. Es la parte racional, lógica y proactiva. Muchas veces utiliza los recuerdos que has ido guardando durante todos tus años pasados y te hace creer que tienes el control de tu vida, pero esto no es lo cierto la gran mayoría de las veces.

2. **Inconsciente:** marcada por las experiencias pasadas, el instinto y las creencias, es la más primitiva de todas. Sus funciones principales son alejarte del peligro y acercarte al placer. Gracias a ella respiras sin ni siquiera darte cuenta. La mente inconsciente te hace cerrar los ojos de manera automática cuando cree que algún peligro está a punto de afectarte directamente.

3. **Subconsciente:** conecta con la parte emocional y se deja llevar más por los deseos de tu alma, por tu corazón. Tu mente subconsciente accede constantemente a todas y cada una de tus

experiencias pasadas, y controla todo lo que no entiendes, todo lo que sientes que no puedes racionalizar.

Si desearas con todas tus fuerzas recordar conscientemente qué es lo que has experimentado anteriormente en tu vida, sería completamente imposible.

Solo recordarás parte de esas vivencias si eres capaz de acceder a tu mente subconsciente.

No es sencillo, pero sí se puede si eres capaz de centrarte en tu momento presente.

Ahora, en estas páginas, voy a explicarte una serie de pautas que han hecho que mi vida cada día sea mejor.

He aprendido gracias a grandes mentores y con el paso del tiempo que existen unos puntos clave para poder evolucionar cada día, pero siempre trabajando cada una de las partes que te he explicado anteriormente.

Es sencillo, lo único que debes hacer es ser constante y, aunque a todos nos cuesta a veces abandonar esos hábitos que hemos adquirido con el paso del tiempo, no dudes de tus posibilidades.

Si te caes, levántate y vuélvelo a intentar.

"Tanto si piensas que puedes como si piensas que no puedes, estás en lo cierto".

Henry Ford.

¿Crees que el derrotismo te va a solucionar la vida?

Es decir, la angustia presente, la desesperación, la tristeza… todos esos pensamientos dirigidos única y exclusivamente hacia tus defectos y tus limitaciones. Llegas a creerte que no eres válido y que nunca serás capaz de llegar a cumplir tus sueños, creando en ti una falta de confianza cada vez mayor. Esa desconfianza te lleva a la inacción, y te aseguro que si te paralizas, entonces no conseguirás absolutamente nada, únicamente quedarte en el mismo sitio en el que te encuentras.

Confía en ti.

¿Crees que te mereces algo mejor?

Por supuesto que sí.

La vida se trata exactamente de eso, de no darse por vencido e intentarlo una y otra vez hasta que consigas integrar todo lo positivo en tu inconsciente.

Si no llegas a la meta, te aseguro que aun así te sentirás realizado, pues habrás dado lo mejor de ti.

Es posible que la desilusión pique a tu puerta, pero no te rindas, si no te ha salido bien, busca otros caminos y enfócate en encontrar soluciones.

¡Vamos!

¡Hazlo ahora!

(2)

A QUIÉN MADRUGA...

"Una de las claves del éxito es almorzar a la hora que la mayoría de la gente tiene el desayuno".

Robert Breault.

En muchas ocasiones te dejas llevar por la comodidad y la costumbre y, sin darte cuenta, repites las mismas rutinas un día tras otro, sin conseguir que tu vida evolucione.

Nadie quiere sacrificar esos momentos de placer entre las sábanas, pero piensa por un momento, recapacita…

> ¿Y si te digo que ese pequeño hábito te va a hacer prosperar más en tu vida?
>
> ¿Cuántas horas has permanecido estirado en la cama sin hacer absolutamente nada?

No, no me refiero a tus horas de descanso, que son absolutamente necesarias para poder reponerte y dar lo mejor de ti, me refiero a la vagancia, a esa pereza que te susurra al oído que debes descansar cuando aún no estás cansado.

¿Vas a dejar pasar un día más?

Hazme caso, vive la vida y haz que cuente.

"Dormir temprano y levantarse temprano hace a un hombre sano, rico y sabio".

Benjamin Franklin.

Está científicamente demostrado que al despertar es cuando tu cerebro tiene más productividad y poder de concentración, en la gran mayoría de los casos.

La energía no es la misma en los diferentes momentos del día, ya que esa vitalidad que sentimos después de haber descansado durante horas la vamos utilizando a lo largo de la jornada. Este consumo continuo es el que provoca la sensación de cansancio, e incluso de agotamiento, cuando llega la tarde.

Un estudio japonés bastante reciente determinó que tu cerebro responde mejor al estrés durante la mañana y es más resolutivo con tareas mentales simples a última hora de la tarde.

Entonces... ¿por qué no aprovecharlo para que tu día sea excelente?

Cuando te paras a analizar el tipo de vida que tiene la gente exitosa, te das cuenta de que la mayoría comparte una serie de rasgos o rutinas que gran parte de las personas pasamos por alto, y una de ellas es madrugar.

Desde que yo decidí levantarme antes de que saliera el sol, mi vida es mucho más productiva, así que lo he transformado en un hábito que cada vez me demanda menos sacrificio.

En el momento en que decides modificar ese patrón que te acompaña desde que eras niño, se te presenta una infinidad de resistencias.

¿Mi consejo? Salta de la cama, toma la decisión en firme antes de que tu cerebro empiece a lanzarte una excusa detrás de otra, porque si no acabarás cayendo de nuevo en esa pereza de la que hemos hablado antes.

¿Existe una razón de peso que te motive a plantearte este cambio?

Debes encontrar una motivación personal, ese deseo que sientes en tu alma y que tiendes a silenciar.

Las obligaciones existen, pero si no encuentras la razón que te hace feliz o ese algo por lo que luchar, todo será más complicado.

Hazme un favor: encuentra de verdad cuál es el motor de tu vida y lánzate a por ello sin plantearte si podrás o no desarrollarlo. Muévete hasta conseguirlo.

La clave está en levantarte motivado, para así poder realizar todas aquellas cosas que dejas estancadas alegando falta de tiempo y, cuando te des cuenta de que tus proyectos y tus ilusiones salen hacia delante gracias a esas horas que le ganas al día, cada vez te costará menos.

¿Te decides a probar?

Te daré una serie de consejos que pongo en práctica en mi vida y con los que he conseguido ser más productiva.

Pero, sobre todo, no te fuerces, cambiar una rutina lleva su tiempo y si de pronto decides cambiar de manera radical tu horario, es probable que a los pocos días abandones. Hazlo mejor de manera gradual y así tu cuerpo se irá acostumbrando, sin que ello sea un esfuerzo inhumano para ti. Así abandonar será mucho menos probable.

Te repito, esto es solo una opción de vida, ya que al igual que a mí me ha funcionado, seguro que existen personas a las que no les compensa este cambio en su vida, pero… ¿qué pierdes intentándolo?

Acuéstate más temprano.

Debes respetar las horas de sueño que tu cuerpo necesita, sean las que sean, así que adelanta el momento de irte a dormir.

En mi caso, cuando mis hijos ya han cenado y se van a dormir, siguiendo una rutina diaria, los adultos hacemos lo mismo.

Elimina de tu vida esas horas perdidas de televisor antes de conciliar el sueño, ya que lo único que conseguirás es entorpecer tu descanso. Lo sé, es lo que todos solemos hacer para desconectar de una jornada laboral intensa o de un día ajetreado… pero inténtalo, busca alternativas.

Bien, eso no significa que no disfrutes de una buena película de vez en cuando, lo que quiero transmitirte es que no es para nada constructivo que tu rutina diaria sea mirar el móvil o la televisión hasta que llegue tu hora de dormir.

¿Sueles mirar la televisión desde tu cama?

¿Duermes con el teléfono móvil o la *tablet* en tu mesita de noche?

Tendemos a utilizar los aparatos como somníferos, pero el efecto que produce en nuestro cuerpo es totalmente el contrario. Este hábito puede provocar insomnio y disminuir la calidad de tu descanso.

Esto ocurre debido a la luz azul que todos estos dispositivos emiten, que de alguna manera confunden al cerebro y le hacen pensar que aún es de día.

Por eso te aconsejo que si tuvieras que utilizar alguno de estos dispositivos, te encargues de ajustar correctamente la luz y el brillo de la pantalla e intentes apartarlos de tu rutina diaria dos horas antes de irte a dormir.

¿Y si te planteas empezar a leer un buen libro? Sin forzarte, si hace mucho tiempo que no lo haces, empieza poco a poco…

¿Y si empiezas a practicar la meditación o simplemente la respiración consciente?

Tan solo son ideas…

Respeta tu digestión.

El hecho de irte a dormir sin haber hecho la digestión hará que tu sueño no sea tan reparador como debe ser.

Cena temprano y ligero, y deja que tu cuerpo asimile todo ese alimento hasta que decidas que es la hora de descansar y cerrar tus ojos.

Es importante tener presente que la gran mayoría de energía que se obtiene de la cena no va a ser consumida, se va a convertir en grasa de reserva y, además, hará más difícil el trabajo de tu hígado, pues este órgano se regenera durante las primeras horas de la madrugada (siempre que no esté ocupado en el proceso digestivo, claro).

Si haces una cena copiosa, a la mañana siguiente tu nivel de energía será bajo y te costará un gran esfuerzo levantarte de la cama.

Mi recomendación es cenar sobre las ocho de la tarde y, si puedes elegir, que sean alimentos frescos (es decir, frutas o verduras) y una ración pequeña de proteína (como puede ser el huevo o el pescado).

Los alimentos ricos en triptófano, un aminoácido necesario para descansar durante la noche, son los que deberías incorporar en tu cena. Lo contienen las cerezas, la miel, el plátano, las almendras, las nueces, las infusiones naturales de manzanilla o tila…

Estos consejos son muy básicos, ya que no pretendo enseñarte dietética con este libro, así que escucha a tu cuerpo y él te dirá qué alimentos son los más apropiados para ti.

Elimina de tu vida los fritos y procesados en la medida de lo posible y, sobre todo, ¡cuídate hoy para no tener que arrepentirte mañana!

3.

ACTIVA TU CUERPO

"Cuida tu cuerpo, es el único lugar que tienes para vivir".

Jim Rohn.

Hoy en día uno de los males de nuestra sociedad es el sedentarismo.

Sí, el sedentarismo mata.

Las personas sedentarias mantienen un estilo de vida en el que el ejercicio físico brilla por su ausencia, pasan horas y horas delante de la televisión o el ordenador y las consecuencias de consumir niveles tan bajos de energía son fatales a largo plazo.

El gran problema aparece cuando te das cuenta de que cada vez tu cuerpo te pide más descanso, es la pescadilla que se muerde la cola: cuanto menos haces, menos quieres hacer.

Lo único que pretendo con lo que expondré a continuación es que reacciones e intentes sustituir todas esas horas que permaneces sentado por momentos de paseo. El ser humano no está preparado para permanecer en reposo tantas horas como lo hacemos.

Te detallo algunas de las consecuencias físicas que puedes sufrir:

-Rigidez articular y muscular. Tus movimientos cada vez serán más limitados y perderás esa flexibilidad de la que disfrutabas cuando eras niño, ¿la recuerdas?

-Obesidad.

-Aumento del colesterol.

-Los tejidos se intoxican, ya que no eliminas las toxinas y estas se acumulan en tu cuerpo, haciendo que el rendimiento sea insuficiente.

-Depresión y baja autoestima, ya que baja la producción de endorfinas (encargadas de hacerte sentir bien contigo mismo).

-Los niveles de azúcar en tu cuerpo aumentarán y, por tanto, la posibilidad de que la diabetes aparezca en tu vida será mucho más cercana a ti.

Son muchos más los efectos negativos que el sedentarismo provoca en tu cuerpo y en tu mente. ¿Crees que merece la pena cambiar ese hábito?

"La inactividad alimenta la duda y el miedo. La acción alimenta la confianza y el coraje. Si quieres vencer el miedo, no te quedes en casa pensando en ello. Sal y ponte a trabajar".

Dale Carnegie.

La Organización Mundial de la Salud (OMS) sitúa a España como uno de los cuatro países más sedentarios de Europa, por detrás de Grecia, Bulgaria y Portugal.

Agotamiento al caminar tan solo unos minutos, algunos tipos de cáncer… y un sinfín de consecuencias que ni siquiera te planteas durante el día.

¡ROMPE CON LA COMODIDAD, ACTÍVATE!

¿Quieres todo eso en tu vida?

Responde a estas preguntas:

Si trabajas fuera de casa… ¿cómo te desplazas hasta allí?

¿Haces deporte regularmente?

¿Caminas cada día un mínimo de media hora?

La salud es un pilar fundamental y la debes cuidar si lo que de verdad deseas es disfrutar de una vida plena.

> Toma conciencia y modifica tus hábitos de vida poco a poco. Sin prisa, pero sin pausa.

La sociedad en la que vivimos nos vende cada día fórmulas milagrosas para poder conseguir con poco esfuerzo lo que de verdad cuesta trabajo y constancia.

Seguro que en alguna ocasión has intentado hacer alguna de esas dietas maravillosas que te prometen perder peso de una manera considerable en pocos días, y ¿qué has conseguido? Un efecto rebote, que lo único que te ha aportado es recuperar en poco tiempo todo el peso que habías perdido, ¿verdad?

Los milagros no existen, todo está en tus manos y es más sencillo de lo que parece.

Los malos hábitos únicamente te acarrearán con el tiempo efectos negativos, que aunque ahora no aprecies, con el paso de los años te destruirán tanto por fuera como por dentro.

Cuando esas falsas promesas que te ofrecen los productos milagrosos no funcionan como te habían asegurado, la ansiedad se apodera de ti.

Te preguntas: "¿Qué es lo que no he hecho bien?". No lo has hecho mal, créeme, es simplemente que no has elegido el camino correcto por desconocimiento o rutina.

Debes aprender a cuidarte más y mejor y, sobre todo, nunca busques resultados a corto plazo.

No necesitas dietas estrictas que supriman todo aquello que a día de hoy te produce placer, debes tomar conciencia y modificar tus hábitos diarios sin presiones.

Con el año nuevo te impones nuevas rutinas.

¿Cuántas veces hemos escuchado la típica frase de "Empiezo a ir al gimnasio mañana"?

Si nunca lo has hecho y te propones abandonar ese sedentarismo, te aconsejo que empieces poco a poco, de manera gradual.

¿Cómo? El ejercicio es una práctica excelente para alcanzar una calidad de vida mejor y sentirte realizado física y mentalmente, así que… empieza por caminar.

Abandonar el sedentarismo no significa realizar una actividad física intensa cada día, lo ideal es realizar una actividad moderada tres veces a la semana.

Deja a un lado el coche o el transporte público y desplázate pensando en tu salud, no en tu comodidad.

Conseguirás activar todo tu cuerpo con tan solo treinta minutos de ejercicio al día, y también lo siguiente:

-Fortalecerás tus músculos.

-Mejorarás la circulación sanguínea.

-Evitarás el sobrepeso.

-Estimularás la segregación de serotonina, que es la hormona de la felicidad.

No es necesario ir al gimnasio, aunque si recomendable. Por ejemplo, el deporte más completo y menos agresivo es la natación, pues te ayuda a desarrollar correctamente tu musculatura, fortaleciéndola, y no causa ningún tipo de impacto. Además, trabajas tu cuerpo de manera simétrica y mejora tu flexibilidad.

¡Anímate!

La última palabra la tienes tú, decide qué disciplina es la que más te llama la atención y empieza ya.

4.

RELATIVIZA LOS PEQUEÑOS PROBLEMAS

"El único problema que realmente tenemos es que pensamos que se supone que no debemos tener problemas. Pero los problemas nos llaman a un nivel más alto, encáralos y resuélvelos".

Tony Robbins.

Los problemas forman parte de tu vida, no los ignores ni dejes que se cree un mundo alrededor de ellos.

No pretendo que niegues la realidad, sino más bien que no dejes que el miedo te paralice y que encauces de la mejor manera posible esa situación que te desestabiliza.

Pánico, desesperanza, enfado… todas esas emociones destructivas las has llegado a sufrir cuando algo no ha salido tal y como tú esperabas.

Debes aprender a ver las cosas de una manera diferente.

Tómate tu tiempo, pero actúa después desde tus ganas de mejorar y crecer. No te quedes en el victimismo.

Debes escoger cómo responder a cada situación: **puedes hacer de los obstáculos un gran desastre e intentar racionalizarlos, hasta transformarlos casi en irracionales, o puedes verlos como una oportunidad para mejorar objetivamente.**

¿Qué decides?

Es más fácil de lo que ahora mismo puedes pensar, lo único que debes hacer es aprender a trabajar tu mente.

Preocuparte por lo que pueda llegar a pasar, sin que ni siquiera llegue a ser real, o dejar en las manos de los que te rodean las decisiones que puedas tomar, preocupándote por el *qué dirán*, tan solo hará que te hundas en el fango cada vez más.

> Si relativizas todas y cada una de las experiencias que vives, conseguirás ser una persona más equilibrada y saltarás los obstáculos casi de forma natural.

Muchos de los problemas que en el pasado te bloqueaban, si miras hacia atrás podrás comprobar que no eran tan graves como en ese momento tú sentías que eran, es más, si los dejaste aparcados debido a que no te sentías lo suficientemente fuerte para superarlos, irán apareciendo en tu vida una y otra vez.

"El secreto de la salud para la mente y el cuerpo reside en no lamentarse del pasado, no preocuparse por el futuro y no anticipar los problemas, sino en vivir el momento presente seria y sabiamente".

Buda.

> La historia narra el aprendizaje de un joven que todo lo que deseaba en su vida era tener éxito, deseaba ser rico y decidió visitar a un gurú. Al verlo, le comunicó:
>
> —¡Deseo estar en el mismo nivel que estás tú!
>
> El gurú le contestó:
>
> —Si de verdad deseas estar al mismo nivel que yo, te espero mañana en la playa.

El joven llegó a la playa a la hora acordada, estaba listo para trabajar. Se había vestido con ropa deportiva y quería prepararse duramente.

El gurú le cogió de la mano y le preguntó:

—¿Cuánto deseas tener éxito?

El joven contestó:

—¡Más que nada en el mundo!

En aquel mismo momento, el gurú le acercó al agua y, una vez allí, lo llevó a lo más profundo.

Entonces el joven le dijo:

—Escucha, yo lo que quiero es dinero, ¡no aprender a nadar!

El gurú respondió:

—Nada más adentro, más profundo.

El joven pensaba que el gurú estaba loco, que sabía la manera de ganar dinero, pero estaba loco.

El gurú continuaba:

—Ve más profundo, ¡nada más adentro! Pensé que querías tener éxito.

—¡Sí quiero!

—Entonces ve aún más profundo.

Cuando se acercó, le cogió de la nuca, metió su cabeza en el agua y la mantuvo ahí dentro. El joven, después de un tiempo con la cabeza dentro del agua, estaba ya a punto de ahogarse y de desmayarse, y entonces le soltó, dejando que volviera a respirar y le dijo:

—Tengo una pregunta que quiero que me respondas: ¿en qué pensabas cuando tenías la cabeza bajo el agua?

—¡Solo pensaba en respirar!

—Cuando tú desees tener éxito con la misma intensidad que deseabas respirar ahí abajo, entonces ¡tendrás éxito! No antes.

¡En lugar de preocuparte por algo, OCÚPATE!

Busca ahora la solución adecuada y sigue con tu vida.

La actitud que adoptes en cada momento será de vital importancia a la hora de resolver cada una de las situaciones que se te vayan planteando, así que, como ya te he dicho en otras ocasiones, no te conviertas en víctima ni acuses a los que te acompañan de los problemas de los que tú eres el máximo responsable.

Lo primero que debes hacer es respirar hondo, ya que tu cerebro necesita oxigenarse para poder avanzar. Cuando te estresas debido a que una situación te supera, generas cortisol, la hormona del estrés, y esta te bloquea.

¿Has sentido alguna vez que estabas en un bucle enfermizo del que no podías salir?

Bien, es normal que tu mundo se venga abajo si pierdes tu trabajo o te anuncian una enfermedad grave, pero debes darte tiempo de reacción y desde la tranquilidad buscar soluciones efectivas a ese problema.

Los miedos existen, te acompañan día y noche, es humano, pero deben ayudarte a coger impulso para caminar hacia delante y así, una vez encuentres esa posible solución, te sentirás tranquilo de haber hecho lo correcto para salir de esa situación.

No aceptar tus propios errores es el primer paso para cometer muchos más cada día de tu vida.

Entonces… ¿qué pasa si te equivocas? Que lo volverás a intentar una y otra vez hasta que encuentres la manera correcta de avanzar.

Créeme, es la única opción.

"Si no estás cometiendo ningún error, no estás innovando. Si estás cometiendo los mismos errores, no estás aprendiendo".

Rick Warren.

Quiero que seas consciente de que la gran mayoría de problemas que se te plantean en tu vida cotidiana solo son pequeñas piedras en el camino que otras personas, quizá en la otra punta del mundo, ni siquiera saben que existen.

Cuando entiendes cómo funciona tu cerebro y cómo eso afecta a tus emociones y a tu forma de actuar, es cuando de verdad tu vida cambiará espectacularmente.

> Todo, absolutamente todo, está en el enfoque.

Casi siempre son problemas sin importancia, que en tu pequeño mundo tiendes a magnificar. Eso te conducirá a sentimientos de frustración, de agotamiento. Evítalo. Sé inteligente.

A continuación te presento una fábula que a mí en su momento me hizo abrir los ojos.

Para ese joven, no poder respirar era un problema muy grave, le estaba quitando la vida y él no lo podía solucionar, ya que dependía de otra persona que lo sujetaba fuertemente.

Si encontrar una solución a un reto que se ha planteado en tu vida depende de ti, muévete hasta conseguirlo y, si no fuera así, busca otros caminos para poder evolucionar.

Para relativizar debes centrarte en tus sueños, en lo que de verdad deseas tener en tu vida. Esta actitud te llevará a encontrar soluciones más efectivas y rápidas.

En el momento en que tengas claras cuáles son tus prioridades, dejarás las pequeñeces a un lado y te enfocarás en todo lo que puedes experimentar hasta llegar a tu meta.

¿Te preocupas y tiras tu día a la basura por quedarte sin batería en el teléfono móvil?

¿Has tenido un pequeño accidente con el coche que ha ocasionado un pequeño desperfecto y ya estás de mal humor?

Estás vivo, ¿verdad?

Entonces, como ya te he comentado en otras ocasiones, te haré una pregunta un tanto drástica, pero que podría ser real: ¿te preocuparías por lo mismo si supieras que mañana vas a morir?

No te ahogues en un vaso de agua con preocupaciones cotidianas sin sentido, la vida es mucho más que eso.

¡Reacciona de manera positiva, aunque te cueste!

Cuando alguien ve una crisis, las personas de éxito ven una oportunidad.

Todos tenemos debilidades, pero debes actuar buscando tu propio crecimiento. ¡Siempre!

5

MUÉVETE

"El cuerpo humano es la mejor imagen del alma humana".

Ludwig Wittgenstein.

El efecto positivo que tienen la actividad física y el deporte en nuestra salud lo conoces muy bien, el problema aparece cuando te dejas llevar por la comodidad y el placer a corto plazo.

Anteriormente hemos hablado del sedentarismo, pero me gustaría que fueras un paso más allá y decidieras cuidarte de la mejor manera posible.

> El ejercicio no solo transforma tu cuerpo, sino también tu mente, tu actitud y tu estado anímico.

Es en ese momento de debilidad cuando de verdad crees que estás cansado. Tu mente decide no hacer nada y tirar tu tiempo a la basura, provocando que te sientes en el sofá de tu casa a ver películas, una detrás de otra, y dejando que tu vida pase.

Déjame que te diga algo: hay tiempo para todo, pero si no tomas la decisión ahora mismo de activar y cuidar tu cuerpo, pasarán los años y te consumirás mucho antes de lo que piensas.

Mantener tu cuerpo activo puede disminuir el proceso de envejecimiento a nivel celular y hacer que tu vida sea más larga de lo que podrías imaginar.

Te recomiendo que no tomes decisiones radicales a la hora de cambiar tus hábitos, ya que si lo haces, acabarás fracasando estrepitosamente y los sentimientos de culpa y de decepción no te dejarán avanzar.

¿Cuántas veces has pronunciado firmemente nuevos propósitos para el año nuevo que comienza y no los has acabado cumpliendo?

¿Recuerdas ese sentimiento de frustración que provoca?

Bien, la clave para que no te suceda esto una y otra vez es cambiar tu rutina poco a poco.

No pretendas ir cada día al gimnasio o correr cada mañana una hora nada más levantarte de la cama si nunca lo has hecho, ya que ni tu cuerpo ni tu mente están preparados para hacerlo.

En el momento en que empiezas a activarte, tu autoestima subirá, te sentirás mejor contigo mismo, tendrás mejor humor y tu memoria y capacidad de aprendizaje se reactivarán, entre otros muchos beneficios que irás viviendo con el paso de los días.

Para conseguir un efecto a largo plazo no debes abandonar.

La constancia te premiará, así que empieza ahora con pequeños cambios.

No pienses, ¡hazlo!

Está demostrado que las personas que en algún momento de su vida padecen depresión son poco activas físicamente.

Te aconsejo que, por muy cansado que te sientas al acabar tu jornada laboral, desconectes.

Ahora vendrán a tu cabeza excusas como: "No tengo tiempo", "Las responsabilidades no me lo permiten"…

mentiras de tu mente, que vuelven a aparecer una y otra vez. No escuches.

Puedes empezar saliendo a caminar treinta minutos a un ritmo ligero o bien, si no puedes salir de casa por los motivos que sean, dedícate treinta minutos para hacer estiramientos o ejercicio físico suave.

Existe una gran diferencia entre moverse y hacer deporte de manera activa.

"Da un paso, por pequeño que sea, los pequeños pasos nos ponen en movimiento hacia acciones mayores".

Dr. Camilo Cruz.

-Camina.

-Levántate.

-Corre, aunque sea únicamente cinco minutos.

-Haz las tareas de la casa de forma activa.

-Usa las escaleras y no el ascensor, aunque sea un piso.

-Aparca tu coche o tu moto un poco lejos de tu destino.

Parece fácil, ¿verdad? Lo es.

Todos, absolutamente todos, podemos mejorar nuestro cuerpo gracias al movimiento hasta un nivel celular. El proceso se llama mecanotransducción.

<u>Nuestro movimiento alimenta a las células, al igual que lo hace la alimentación.</u>

Lo único que debes hacer es organizarte y vencer a la pereza.

La práctica de ejercicio físico incrementa la producción de la norepinefrina, que modera la respuesta del cerebro al estrés, así que, además, ¡descansarás mejor durante la noche!

Cuanto más sedentarismo haya en tu vida, más enfermedades te acompañarán.

Cuanta más actividad seas capaz de incorporar en tu rutina diaria, más saludable te sentirás.

El director del Human Performance Laboratory, en Ball State University, realizó un estudio sobre este tema. Asegura que los hombres y mujeres con setenta años y que hacen ejercicio con regularidad tienen los pulmones, el corazón y la musculatura de personas sanas y de hasta treinta años más jóvenes.

¿Qué es lo que te han explicado siempre?

Tenemos muy asumido que, conforme vamos avanzando en nuestra vida y nos hacemos mayores, nos vamos volviendo cada vez más débiles, más frágiles y, créeme, ¡todo depende de ti!

Cuando realizaron el estudio, tan solo comparando la musculatura de los deportistas más jóvenes y los más mayores, no podían asegurar qué musculatura era la más joven.

Maravilloso, ¿verdad?

Entonces… ¿cuál es el motivo que te impide tomar la decisión ahora mismo?

Nunca es demasiado tarde para cambiar todas esas rutinas que hacen que no puedas avanzar, lo único que debes tener presente es cómo hacerlo para que no suponga un esfuerzo inicial tan grande que te haga desistir en el intento a los pocos días.

¡Ánimo! Se puede, ¡TÚ PUEDES!

6

NUTRE TU CUERPO, NO TE LIMITES A COMER

"He visto a pocos morir de hambre, de comer a cientos".

Benjamin Franklin.

La gran mayoría de personas empieza a hacer dietas por una simple razón: la estética.

La sociedad te ha marcado unos cánones de belleza que debes seguir si quieres encajar en ella, o eso nos han hecho creer, y dejando a un lado los valores fundamentales de nuestra existencia.

Llega un momento en el que te mueves buscando desesperadamente la aprobación de todas esas personas que te rodean, personas a las que en muchas ocasiones les importa muy poco tu vida.

Entonces… ¿te has preguntado cuál es el motivo de que esas opiniones ajenas a ti te afecten tanto? La aceptación.

Piensa: ¿quiénes son las personas que promueven ese ideal de delgadez extrema?

¿Por qué millones de personas **destruyen** su cuerpo a diario para alcanzar esa *perfección* inventada por algunos?

La conducta natural del ser humano te predispone a ser empático, pero no debes permitir en ningún caso que tus valores o tu salud se vean afectados por opiniones cambiantes de personas que casi siempre están fuera de tu círculo real.

Es probable que este no sea tu caso, pero si lo fuera…

Si tu única meta es bajar de peso por un interés estético…

¿Qué harás cuando lo consigas?

¿Te lo has planteado?

Seguramente, al igual que yo, has hecho en alguna ocasión una dieta restrictiva que provocó que pasaras hambre, y el único deseo que te acompañaba era comerte un pastel de cinco pisos cargado de azúcar y chocolate.

Has dejado de comer alimentos que incluso eran necesarios para que tu organismo funcionara en óptimas condiciones y, por este motivo, te has llegado a sentir débil y desorientado.

¿A qué te conduce ese tipo de dietas?

<u>Al efecto rebote,</u> ese horrible y rápido aumento de peso que te sucede justo después de retirar una dieta hipocalórica de tu vida. Lo único que has conseguido es cambiar tu imagen durante un corto periodo de tiempo y forzar tus órganos vitales.

Al poco tiempo, si de verdad has optado por este tipo de dietas, tu cuerpo vuelve a tener el mismo aspecto de antes, e incluso es muy probable que peses algunos kilos más.

> No necesitas comer menos, lo único que necesitas es comer bien.

Todos estos valores, a mi parecer, carecen de sentido (ahora a mis treinta y nueve años), pero hubo un momento en el que no fue así.

En mi época de adolescente, como ya te he explicado en anteriores ocasiones, mi vida era completamente diferente a la de ahora.

Desde pequeña he sobresalido del resto de personas que me rodeaban debido a mi altura y, además, no era delgada, más bien me sobraban algunos kilos que no ponían en ningún caso en peligro mi salud, únicamente influían en esa valoración que los desconocidos hacían de mí, bajo esos ridículos cánones de belleza impuestos por la sociedad.

Al pasar de niña a mujer, mi cuerpo cambió y me acercaba a esa visión de perfección que en aquel momento marcaba la sociedad: medir 1.80 y 90-60-90… Grotesco, ¿verdad?

Mis relaciones sociales cambiaron por completo, con mis veinte años pude comprobar cómo personas que me habían despreciado querían formar parte de mi vida.

Mi esencia era la misma, pero los valores de muchas de las personas de mi entorno eran pobres.

Empecé a trabajar como modelo de pasarela y parecía que el mundo giraba a mi alrededor.

Te aseguro que esta tendencia de mostrar un modelo de belleza irreal está generando una epidemia en las generaciones más jóvenes.

Tuve la gran suerte de haberme educado en una familia en la que se daba importancia a la salud y a la aceptación de todos y cada uno de los maravillosos detalles de nuestro cuerpo, porque si no, te aseguro que a día de hoy te podría haber explicado una historia real y propia de anorexia o bulimia.

Vi caer a compañeras de profesión, ya que las exigencias en cuanto a ese tema eran en ocasiones surrealistas e inalcanzables.

Nadie te obliga a tomar decisiones drásticas, pero si quieres estar dentro del mercado y trabajar sin descanso, debes cumplir con los requisitos que te pide la industria de la moda en cada momento.

Yo *abandoné el barco* y, gracias a eso, creo que soy la mujer que soy ahora.

En aquel momento pude ver cómo la aceptación por parte de la sociedad estaba en mis manos, y que solo modificando mi cuerpo un poco, y después un poco más, conseguía lo que de verdad para mí era importante en ese momento como adolescente.

Todo esto te lo explico por una única razón: quiero que entiendas que las modas pasan. Fíjate en la imagen de las mujeres a principio del siglo XX y verás cómo la realidad era otra mucho más saludable.

> Este cuerpo que tienes es único e irrepetible, va a ser el que te acompañará el resto de tus días, así que no lo destruyas con prácticas innecesarias.

Hoy encontramos proteínas envasadas en forma de suplementos alimenticios o dietas milagrosas que lo único que provocan es que tu cuerpo se esfuerce exageradamente para no conseguir nada bueno.

Si consultas en internet, verás afirmaciones como:

-"Consumir sal para adelgazar".

-"Dieta de la sopa para perder ocho kilos en siete días".

-"Dieta de la manzana para reducir volumen".

-"Dieta solo con carne para bajar peso rápidamente".

Párate a pensar solo un momento… si tuvieras un hijo, ¿te gustaría que las pusiera en práctica?

¿Crees que perder peso rápidamente se compensa con perder la salud que ahora tienes?

Sé inteligente y desecha todas esas barbaridades, ya que es posible que en unos años te arrepientas de haber castigado tu cuerpo de esa manera tan atroz.

> Te pido que aprendas a comer bien y que aportes a tu cuerpo lo que necesita.
>
> Escúchalo y mímate.

Antes o después, todo lo que comes tiene un impacto directo en tu organismo.

Reacciona antes de que sea demasiado tarde.

Quizás no logres los efectos tan rápidamente, pero te acompañarán durante toda tu vida si no eliges el camino que te ofrecen como el más fácil.

Te pido que tu objetivo no sea únicamente perder peso, disfruta comiendo, debes elegir cuidadosamente todos y cada uno de esos alimentos para que nutrir tu cuerpo sea una fiesta.

Es probable que tu meta no sea esta y que tu peso sea el correcto. Bien, pero… ¿sabes que a largo plazo, si no te alimentas de manera equilibrada, todo eso te pasará factura?

Debes ser consciente del riesgo que estás corriendo cuando descuidas algo tan importante para ti.

Los beneficios de adoptar una alimentación equilibrada son innumerables:

- Agilizarás el trabajo del metabolismo y perderás peso con más facilidad, si fuera el caso de que te sobraran algunos kilos. Con el metabolismo transformas los alimentos que consumes en energía, que es la que utilizas como combustible para realizar todas tus funciones. Así que no te sobrecargues y aprende a escuchar los mensajes de tu cuerpo. Además, ten en cuenta que puede que los alimentos que le sienten bien a las personas que te rodean no sean los más adecuados para ti.

- Dejarás de padecer el odioso estreñimiento que no te deja vivir. Hasta un 18 % de la población sufre de estreñimiento crónico. Si tienes este problema, fabricarás menos serotonina y te sentirás triste, cansado, depresivo… Para evitarlo, debes incorporar fibra a tu dieta, además de mover tu cuerpo cada día de tu vida, como ya hemos comentado antes.

- Tu rendimiento será mucho mejor, tanto el físico como el mental, ya que reduce el impacto negativo de los radicales libres en tu cerebro. ¿Qué son los radicales libres? Son moléculas inestables que recorren todo tu cuerpo, intentando robar un electrón para recuperar lo antes posible la estabilidad electroquímica. Tu cuerpo produce radicales libres con el único objetivo de luchar contra la acción de las bacterias y los virus. Inicialmente no son dañinos, ya que tienen una función muy importante dentro de tu organismo, el verdadero problema aparece cuando se encuentran en exceso. Para que esto no te pase, reduce las frituras, las grasas animales, el tabaco, el alcohol, los rayos X…

- Reducirás de manera muy significativa la probabilidad de padecer y desarrollar enfermedades crónicas como la diabetes, la osteoporosis y algunos tipos de cáncer.

- Mejorarás la capacidad de tu sistema inmune y ni las bacterias ni las infecciones no te afectarán de la misma manera.

- Mejorarás también tu estado anímico y te ayudará a mantener una actitud positiva.

- Reducirás el estrés, ya que algunos alimentos regulan la producción de hormonas, como el cortisol y la adrenalina.

Mi intención no es explicarte una dieta milagrosa, ya que yo soy la primera que no creo en ellas, simplemente te explicaré cuáles son los hábitos en cuanto a nutrición que han cambiado mi vida para que, si de verdad te animas, puedas comprobar por ti mismo que todos esos beneficios los tienes al alcance de tu mano si los deseas.

No necesitas invertir grandes sumas de dinero en productos milagrosos.

No necesitas acudir a un establecimiento en concreto para comprar suplementos alimentarios, aunque te aseguren que son necesarios para tu organismo.

Lo único que necesitas es ser constante y quererte mucho.

Busca la respuesta en todo lo que la naturaleza te aporta y, como te he mencionado anteriormente, escucha a tu cuerpo, ya que lo que a mí me puede sentar bien, quizás a ti no te produzca el mismo efecto y debas suprimirlo de tu rutina.

Cada uno de nosotros tenemos unas necesidades diferentes, dependiendo de la edad, la salud, la actividad física diaria...

Recuerda que tu cuerpo es el resultado de tus elecciones.

Bajo mi punto de vista, las siguientes pautas son básicas y bastante lógicas.

1. **En la variedad está la clave.**

   Tu organismo necesita más de cuarenta nutrientes diferentes para funcionar de manera óptima y no existe ningún alimento que los incorpore todos de una sola vez. Por lo tanto, no caigas en el error de alimentarte siempre de la misma manera, debes optar por probar nuevos productos para poder así equilibrar tu dieta.

   ¡Te vas a sorprender!

2. **Verduras y frutas como base.**

   Comer frutas y verduras es ganar salud, te pueden gustar más o menos, pero no hay excusa porque existe multitud de variedades para que puedas elegir.

Las verduras te aportan una gran cantidad de minerales, vitaminas y agua, y cuentan con un alto contenido en antioxidantes que te protegerán de muchas enfermedades. El alto contenido en potasio te ayuda a eliminar el exceso de líquidos en tu cuerpo. No aportan grasas, así que bajarán el colesterol y los triglicéridos en la sangre.

Las frutas te aportarán hidratos de carbono, minerales, vitaminas, fitoquímicos, fibra y agua orgánica. El agua orgánica es el agua limpia y llena de oligoelementos que limpian tu cuerpo, mucho más sana y recomendable que la que bebemos de forma corriente. Te recomiendo que la comas entre comidas, no como postre, para así poder beneficiarte de todas sus propiedades. Incorpórala a tu dieta en las horas centrales del día.

Anímate… puedes prepararlas de muchas maneras, solo se trata de jugar un poco y de pensar en tu salud.

3. **Reduce cantidades, no suprimas alimentos.**

Unos minutos antes de comer bebe un vaso de agua, a poder ser con unas gotas de limón. Esto hará que tu sensación de apetito disminuya y, además, estarás hidratando tu cuerpo.

Existen muchos trucos para reducir las cantidades de algunos alimentos, pero no es necesario que reduzcas todos.

Acompaña tu carne o pescado, por ejemplo, con una buena ración de verduras cocinadas al vapor, a la plancha o crudas, y elimina esas patatas fritas que, aunque sí puedes comer de vez en cuando, no son tan beneficiosas para ti.

Alimentarte debe ser un placer, así que tómate tu tiempo para estar sentado y disfrutar de ese momento.

Debido al estrés o a la vida ajetreada que llevas, puede ser que optes por platos precocinados, pero intenta no hacerlo. Una buena costumbre es hacerte la comida días antes y dejarla preparada para poder llevártela a donde tú necesites.

Intenta también no caer en la tentación de picar alimentos que tengas en casa, como las patatas fritas industriales.

4. **Bebe mucho líquido, mejor agua si puede ser.**

El 70 % de tu cuerpo es agua, así que hidratarlo de la manera correcta es primordial para mantenerte sano.

No esperes a tener sed para beber, ya que en ese momento es tu cuerpo el que te está avisando de que sufre de deshidratación.

Te recomiendo que siempre lleves contigo una botella reutilizable de agua, a poder ser de cristal, y durante el día hidrates tu cuerpo antes de que sientas la sensación de sed.

> ¿Qué efectos positivos conseguirás? Reducirás el cansancio, los dolores de cabeza formarán parte de tu pasado, evitarás el estreñimiento, regularás tu temperatura corporal, tu cuerpo estará más fuerte contra las enfermedades y, además, ayuda a controlar el peso.

Recomiendan beber entre litro y medio y dos litros al día, pero como ya te he dicho anteriormente, lo primero que debes hacer, bajo mi punto de vista, es escuchar a tu cuerpo y entonces actuar, pues él te irá marcando el camino.

A la hora de elegir el agua que vas a consumir, te recomiendo que no optes por el agua del grifo, ya que, aunque sí que es potable y apta para el consumo, está cargada de componentes químicos perjudiciales para tu salud.

> Si eliges el agua embotellada, decántate por una mineralización débil y, si te lo puedes permitir, consume agua ionizada alcalina.

Podrás encontrar en el mercado una gran cantidad de opciones para poder tratar de manera sencilla el agua que tienes en casa y que sea una gran aliada para hidratar tu cuerpo, aunque existe mucha controversia sobre este tema.

Te recuerdo que lo único que pretendo es mostrarte todas esas pautas que yo he seguido y han mejorado mi vida, para que, si tú lo crees conveniente, las adoptes como tuyas.

5. **Suprime únicamente los procesados y edulcorados.**

¿En qué momento un alimento deja de ser saludable?

Las materias primas son las que deberían abundar en tu compra diaria, y con ello me refiero a frutas y verduras frescas y a todos aquellos alimentos que no han sido tratados industrialmente.

Los supermercados están llenos de productos que te prometen una vida fácil, pero que, si los consumes de manera habitual, también puede llegar a ser muy corta.

¿Te parece radical? Pues es la realidad.

Quiero ser muy clara con esto: no te estoy pidiendo que elimines de tu vida productos envasados, como la legumbre ya cocida, atún en aceite de oliva o yogur natural sin azucarar; sino que tomes conciencia y, cuando leas la etiqueta de un alimento procesado y no entiendas la gran mayoría de ingredientes que se indican, recházalo y no lo consumas.

Intenta mantener lejos de la despensa los conocidos como ultraprocesados, que son la bollería industrial, los zumos de frutas envasados, embutidos como la mortadela o el salami, los refrescos…

Podríamos hacer juntos una lista interminable de alimentos que debes eliminar, pero si decides optar por una alimentación basada en productos que provienen directamente de la naturaleza, créeme que ya habrás dado un gran paso.

Ahora, te voy a pedir únicamente una cosa: elimina el azúcar refinado de tu dieta.

El azúcar es veneno, elimínalo ahora. El dióxido de azufre (un gas tóxico) es el que utiliza la industria azucarera para blanquear el azúcar, y eso hace que se convierta en un producto con una elevada acidez.

El azúcar no te va a aportar ninguna vitamina, mineral ni nutriente, únicamente lo forman calorías vacías y propicia la aparición de cáncer, enfermedades coronarias, sobrepeso, diabetes, desmineralización del cuerpo…

Te pido que hagas un ejercicio muy fácil el próximo día que vayas a comprar al supermercado: escoge alimentos como los refrescos, galletas, cereales, salsas saladas, embutidos… y verás que la gran mayoría tiene azúcar, incluso los que ni te imaginabas, como el embutido.

Gran parte del azúcar que consumimos diariamente no es el que utilizamos en el café, sino que viene incorporado ya y, además, de una forma abusiva dentro de todos esos alimentos ultraprocesados.

¿Quieres todo eso en tu vida? Seguro que no…

Vamos a buscar una buena alternativa, como la miel cruda de abeja.

¿Te parece?

Está comprobado que el azúcar crea adicción, lo que provoca que nazca ese deseo incontrolable de comprar bollería o galletas cada vez que aparecen ante tus ojos.

El azúcar genera dopamina que, al llegar al cerebro, hace que te sientas feliz y, cuando dejas de consumirlo, sientes esa necesidad imperiosa que, si no resuelves, puede llegar a cambiar tu estado anímico durante el resto del día.

Eso se llama dependencia.

Déjame decirte de nuevo que, bajo mi punto de vista, la sociedad en la que vivimos nos controla como marionetas en sus manos, buscando siempre el beneficio de la industria y el consumo. Lo más grave de esto es que tu vida está limitada sin que ni siquiera te des cuenta.

¡BASTA YA!

¡HAZ QUE TU VIDA SEA MARAVILLOSA!

Cambiando unas pequeñas cosas, la vitalidad y la actitud positiva formarán parte de tu día a día.

6. **Reduce el uso de la sal y escoge la correcta.**

¿Añades mucha sal a tus alimentos?

¿Qué tipo de sal utilizas?

La sal refinada de mesa ha sido elevada a altas temperaturas que alteran su estructura y eliminan parte de los elementos nutricionales incorporados de manera originaria.

La sal marina natural cuenta con noventa y dos minerales esenciales, y la sal marina adulterada solo con dos elementos (el sodio y el cloro).

Puedo asegurarte que la gran mayoría de alimentos ya aportan la *sal* que necesitan, pero acostumbrar al paladar puede resultar complicado.

Mi consejo es que utilices sal marina sin refinar o sal del Himalaya.

Cuando optamos por consumir sal marina yodada o sal fluorada, estamos dañando directamente nuestro organismo.

Hace tiempo opté por probar cosas nuevas y descubrí que aportando algas a mis platos o especias, los alimentos eran mucho más sabrosos.

Además, existe en el mercado la opción de utilizar el agua de mar, yo la utilizo para cocinar y es perfecta. La proporción que debes utilizar es una parte por cada tres.

¿Te atreves?

Espero que algún día me cuentes tu experiencia.

7. **Limita el consumo de bebidas alcohólicas.**

Definición de droga: sustancia química que, al ser ingerida, altera el funcionamiento del cuerpo de alguna manera. Por tanto, el alcohol es una droga.

El consumo excesivo de alcohol provoca daños irreversibles en tu salud, y si el consumo se concentra en periodos cortos de tiempo, como puede ser el fin de semana, los riesgos de padecer alcoholismo y los daños en el organismo aumentan de forma importante.

El consumo de alcohol te puede acarrear enfermedades como la hipertensión arterial, la gastritis, cardiopatías, encefalopatías, demencia, cáncer…

Cuando bebes alcohol, este llega a tu estómago y lo reconoce de alguna manera como un veneno. Es entonces cuando el hígado lo empieza a descomponer en sustancias mucho más sencillas de procesar.

Los riñones se encargan de eliminar los desechos, utilizando toda el agua que encuentre en nuestro organismo y deshidratándolo.

La actividad de tu cerebro disminuye, y es por eso que las capacidades de coordinación, de habla o de equilibrio se ven afectadas.

Este desequilibrio te puede llevar a un momento de euforia o de felicidad, pero con el tiempo, si acostumbras tu cuerpo al alcohol, tu memoria y tu aprendizaje se verán afectados de forma negativa.

8. **Come despacio.**

Prisas y más prisas, obligaciones, ajetreo... o simplemente despreocupación.

Alimentarse debe dejar de ser una obligación para ti, debes convertir ese momento en un ritual que te aporte satisfacción y armonía.

¿Cómo? Guardando para ti, sin ningún tipo de excusa, esos minutos que tanto necesitas. Así que relájate y disfruta.

Comer despacio tiene muchas ventajas en tu organismo:

- Disfrutas más de los sabores.

- Controlas mejor las cantidades que ingieres.

- Evitas problemas gastrointestinales y de digestión.

Los expertos aseguran que el tiempo mínimo recomendable que debes emplear en cada comida es de unos veinte minutos, así que mastica bien cada bocado y siéntate en la mesa.

Come sin distracciones y pronto notarás los beneficios en tu cuerpo.

La conclusión que debemos sacar de todos estos consejos que te estoy explicando es la siguiente:

> ¡Enamórate de un estilo de alimentación saludable!

Debes disfrutar de los alimentos frescos y cargados de nutrientes que te ofrece la naturaleza y que son fáciles de adquirir y preparar.

Acostumbra a tu paladar y desecha los productos que lo único que hacen es contaminar tu cuerpo y, como consecuencia, tu alma y tu mente.

7

DESCANSA, RECÁRGATE DE ENERGÍA

"Toma tu descanso. Tu mente recobrará las energías y una idea nueva y evidente tendrás ante tus ojos. Quien descansa en su labor produce mucho más que aquel que por ella se deja esclavizar".

Efraín Gutiérrez Zambrano.

En muchas ocasiones entramos en un círculo vicioso del que no sabemos salir.

Una agenda repleta de obligaciones, unos hijos que nos demandan continuamente atención, personas mayores en nuestra familia que dependen física o emocionalmente de nosotros, el trabajo fuera de casa… Nos invade esa sensación de no poder asumir todas esas tareas que debemos resolver a lo largo del día.

Sí, es cierto que, si te organizas, eres capaz de ser mucho más eficiente que si no lo haces, pero debes tener presente que si no descansas de una manera u otra, todas esas obligaciones te supondrán un esfuerzo mucho mayor que si lo haces.

Así que detente, desecha el estrés y cuídate.

"Yo puedo con eso y con mucho más", nos decimos continuamente para animarnos a seguir hacia delante.

De esta manera te creas una obligación, muchas veces debida al sentido de tu responsabilidad.

Detente, detente antes de que sea demasiado tarde.

> Si fuerzas tu cuerpo y tu mente, llegará un momento en que se detendrán por sí solos por culpa de una enfermedad, ya sea física o emocional.

El cuerpo te habla, te lo vuelvo a repetir… **Escúchalo atentamente** y te ruego que no intentes tapar con medicamentos y remedios milagrosos esos síntomas que van apareciendo para pedirte ayuda.

Es probable que te hayas sentido más cansado de lo habitual, que te cueste concentrarte, que necesites café para seguir o que estés de mal humor. Esas son las consecuencias de defender la loca idea de "Hasta que mi cuerpo aguante".

El descanso es fundamental para el organismo. Si no hay descanso, no hay productividad ni evolución.

Existen muchas maneras de descansar, no todo es dormir, aunque es la parte más importante para poder reponerte de la actividad del día anterior.

Puedes leer y así desconectar del mundo real, puedes meditar o simplemente perderte dando un paseo por el campo. Tú decides, pero deja a un lado todo aquello que te perturba.

Hazlo por ti, y también todas las personas que te rodean lo reconocerán. Notarás los cambios.

¿Qué te recomiendo?

Antes de irte a dormir, planifica tu día y replantéate cuáles son las tareas importantes y que no puedes dejar de hacer. Esas son las primeras que debes eliminar de tu lista, ya que tu cerebro siempre tiende a realizar todas aquellas cosas que le suponen menos esfuerzo.

Vas a ser inteligente y todo lo que sueles postergar vas a proponerte hacerlo lo antes posible, sobre todo marcando una fecha límite que nunca será negociable. De este tema te hablaré más adelante.

Para que puedas descansar de la mejor manera posible y disfrutar de un sueño reparador, no debes dejarlo todo al azar.

Hoy mismo, cuando encuentres un momento, te aconsejo que entres en tu dormitorio y lo conviertas en un lugar en el que te apetezca estar.

Los espacios que habitas son un reflejo directo de las emociones e ideas que envuelven tu realidad.

Con una simple mirada, el orden y la armonía deben hacerte sentir feliz y en paz.

¿Cómo? Tu lugar de descanso debe estar tranquilo, silencioso y, cómo no, ORDENADO.

Recuerdo de cuando era niña esa lucha continua de mis padres para que recogiera mi habitación. Yo en ese momento no lo entendía, tenía otras prioridades en mi vida, pero de lo único que se trata es de ser un poco disciplinado y, si eres de esas personas, ir cambiando tus hábitos poco a poco.

Todo en su sitio y bien organizado.

¿Sabes la cantidad de tiempo que ganas cuando el orden forma parte de tu vida? Y no es el único efecto positivo que vas a disfrutar, también estarás mucho más relajado y sentirás que tienes control sobre tus cosas y tu vida.

Una vez hayas limpiado y ordenado tu dormitorio, procura mantenerlo siempre en esas condiciones. Recuerda: lo estás haciendo por ti.

Tu vida mejorará cuando tu descanso sea del todo reparador.

Debes también cuidar la luz, especialmente si tu sueño es ligero.

Si en tu dormitorio hay un exceso de luz, tus sentidos se activarán y te mantendrás en sistema de alerta sin ni siquiera darte cuenta.

La temperatura del ambiente también es muy importante, según muchos estudios, esta debería estar entre 16° y 19° C. Cuando duermes, tus biorritmos disminuyen, y eso hace que tu temperatura corporal descienda.

Cuando ya has creado un ambiente acogedor y llegue el momento de ir a dormir, préstale atención a tu postura.

¿Sabes cuál es la posición que escoges a la hora de acostarte? Boca abajo es una de las posiciones menos recomendadas, ya que obligas a tu columna a permanecer horas y más horas arqueada de una forma para nada natural. La mejor opción es dormir boca arriba y utilizando una almohada baja.

Sé que cambiar esta rutina es complicado, pero todo es proponérselo y no pretender grandes cambios en un solo día.

Recuerdo lo que me ocurrió en mi primer embarazo, hace ya unos cuantos años: mi costumbre siempre había sido dormir boca abajo, era la única posición que me permitía alcanzar el sueño, pero llegó un momento en que adoptar esa posición se me hacía del todo imposible, mi bebé había crecido dentro de mí y tan solo el hecho de pensar que le podía hacer algún mal de manera involuntaria me causaba un temor absoluto. En ese momento es cuando, por obligación, empecé a dormir boca arriba.

Sí que es cierto que en esa posición la capacidad respiratoria disminuye, y eso hace que respires de manera más fuerte e incluso que ronques cuando antes nunca lo habías hecho, pero tu salud mejorará si poco a poco lo trabajas.

Te voy a hacer unas preguntas: ¿has invertido dinero últimamente en ropa que no necesitas? ¿Has comprado algún mueble u objeto de decoración por capricho?

Toma conciencia de en qué inviertes tu dinero y ocúpate de tener un buen colchón y una almohada que te permitan descansar al máximo.

No dejes que tu colchón cumpla los veinte años y, en cuanto tengas la posibilidad, invierte de verdad en ti, en lo que tu cuerpo necesita.

Muchas de las dolencias de espalda o de cabeza, e incluso la irritabilidad que en ocasiones sientes al despertar, desaparecerán.

8

DESHAZTE DE COSAS INÚTILES PARA TU VIDA

"Si algo no te gusta, cámbialo; si no lo logras, cambia de actitud".

Maya Angelou.

Lo que te voy a explicar a continuación lo puedes aplicar en todos los ámbitos de la vida que necesites.

Ya hemos trabajado en mis libros anteriores cómo debes alejarte de la dependencia emocional que puedes sentir hacia una persona, ¿recuerdas?

Pues bien, ahora te propongo que hagas un ejercicio que hará que te sientas bien contigo mismo y, además, conseguirás crear un hogar armonioso.

Debes crear un ambiente en tu hogar en el que te sientas tranquilo y feliz.

> Aprenderás a practicar el desapego de una manera muy sencilla.

Seguro que alguna vez te has planteado *hacer limpieza* en casa, pero no te sientes con fuerzas y crees que algún día volverás a usar esos objetos que atesoras sin que ese pensamiento tenga ningún razonamiento lógico.

Sientes remordimientos cuando decides deshacerte de todos esos utensilios inútiles que no necesitas para nada. Ese apego es destructivo y debes romper con él.

Hazte primero una pregunta: ¿crees que todo lo que tienes en tu hogar te sirve para algo?

Ya conoces la respuesta, ¿verdad? Entonces, ¿por qué lo guardas?

Si simplificas y ordenas tu espacio vital, conseguirás dar alas a tu alma, te sentirás mejor contigo mismo y crecerás como persona.

Lo que deberías hacer es lo siguiente:

-Márcate un día límite y no lo dejes para más adelante, ya que, aunque tu mente te diga constantemente que no es algo necesario y que tienes cosas mucho más importantes que hacer, te aseguro que la sensación de alivio y de progreso que sentirás cuando lo hagas no tiene precio.

-Coge un papel y un bolígrafo y anota las siguientes pautas:

1. Hace más de seis meses que no lo usas.

2. Hace un año o más que no lo usas.

3. Ni siquiera recordabas que lo tenías.

Ahora recorre tu domicilio revisando todos y cada uno de los armarios y cajones (sin prisa, pero sin pausa), y analiza si todos esos objetos que llenan y, en algún caso, sobrecargan tu hogar tienen una vida útil a tu lado o no.

Todos hemos guardado regalos que no nos han gustado, únicamente por delicadeza hacia la persona que se tomó la molestia de pensar en nosotros, objetos que traen recuerdos de historia pasadas que no aportan absolutamente nada a nuestras vidas, prendas de ropa de décadas pasadas que sabemos a ciencia cierta que nunca más vamos a usar, medicamentos caducados que ni siquiera recordabas, revistas viejas que ya no miras… Ya sabes de qué te estoy hablando.

Ponte manos a la obra y gana en bienestar y calidad de vida.

Alguien dijo alguna vez que "Hay que soltar lo viejo para dar paso a lo nuevo". Pues bien, yo estoy totalmente de acuerdo con esta afirmación.

Nagisa Tatsumi escribió un libro titulado *El arte de tirar*, en el que aparecen unos cuantos consejos que yo apliqué en mi vida y que quiero explicarte para que tú también los pongas en práctica.

1. **Deshazte rápido de las cosas y tira al momento.**

   Si te ha costado, pero ya has tomado la decisión, no le des más vueltas y tíralo ahora. Puede que te sientas mal por haberlo hecho, pero esa sensación desaparecerá en pocos minutos. Si hace meses que no le prestas atención, decídete ahora.

2. **Tira todo lo que ya no tenga función.**

   ¿Qué te quiero decir con esto? Bien, en mi caso me he llegado a encontrar en casa manuales de instrucciones de electrodomésticos que hacía años que ya no tenia, o pantalones de cuando tenía quince años y que ni siquiera eran de mi talla... Entonces, ¿por qué seguian todas esas cosas en mis armarios?

3. **Debes marcarte una cantidad de cosas y, cuando la hayas superado, tira o no compres más.**

   ¿Crees que necesitas cincuenta vasos vacíos de crema de cacao? ¿Cuántos trapos viejos de cocina almacenas en los armarios? Estos son únicamente ejemplos, cada casa es un mundo, pero por muy organizado que seas te aseguro que siempre existirá ese lugar perdido y lleno de cosas inútiles que ni siquiera recordabas.

4. **Hazlo regularmente.**

Todo lo que te estoy explicando es una forma de vida, no se trata de hacerlo una vez y ya está. La primera vez que tomes la decisión te llevará horas, sobre todo si durante años has ido acumulando, pero las próximas veces será mucho más sencillo de lo que crees y mantendrás tu espacio limpio y saludable.

5. **Sé consciente de tu situación.**

No es lo mismo vivir solo que compartir tu día a día con tres niños, un perro, un compañero o compañera de vida y un periquito… pero siempre será mejor tener los espacios libres de cosas inútiles que mantenerlos sobrecargados.

Toma la decisión y ya me contarás.

No te estoy pidiendo que lo tires todo, ni mucho menos, existen otras muchas opciones a la hora de deshacerte de todas esas cosas, como la donación, la venta en mercados de segunda mano o la venta por internet. Tú decides si dar o no dar un paso más hacia delante.

9

POTENCIA TUS VIRTUDES

"Cuando subestimas lo que haces, el mundo subestima quién eres".

Oprah Winfrey.

Tú decides en cada momento quién eres.

Tú, sin darte cuenta, marcas tu camino.

¿Qué concepto tienes de ti mismo?

¿Te has escuchado cada vez que te describes con tus pensamientos?

> Tú eres único e irrepetible, debes tenerlo siempre presente y apreciarte tal y como eres, con tus defectos y tus virtudes.

Así que te pido que, en lugar de centrarte continuamente en las cosas que hayas podido hacer mal en tu pasado, pongas toda tu atención en aquello que te gusta de ti y que te diferencia positivamente como persona.

Bien, ahora vamos a hacer otro ejercicio.

Como ya hemos hecho en anteriores ocasiones, vamos a trabajar con papel y bolígrafo en mano.

Apunta en una lista todas aquellas fortalezas que crees que te pueden diferenciar de otras personas que conozcas. Pueden ser tus ganas de aprender cosas nuevas, tu capacidad para asumir trabajo, tu creatividad…

Debes ser sincero contigo mismo, ya que si no lo eres, no conseguirás absolutamente nada con este ejercicio.

Analízate físicamente, emocionalmente, como padre o madre si lo fueras, como hijo, como amigo…

Tú mismo.

Tómate el tiempo necesario para pensar y escribir las cualidades que se te ocurran en ese momento.

A partir de ahora, debes tener en cuenta todas y cada una de ellas e intentar desarrollarlas, para así aportar lo mejor de ti.

Puede ser que en algún momento de tu vida te hayan hecho sentir pequeño, repitiéndote una y otra vez todas esas debilidades que otros veían en ti y que quizás ni siquiera existían.

La gran mayoría de personas que tienden a adoptar ese tipo de actitud con la gente que les rodea lo único que hacen es reflejar sus carencias, no las tuyas.

Ese tipo de personas necesitan hacerte pequeño a ti para sentir que ellos son superiores al resto.

Estamos hablando de personas tóxicas. Todas esas personas que compulsivamente te valoran de forma negativa, sin ni siquiera haber pensado antes en lo que saldría por sus bocas.

Personas que te roban la energía, que te hacen sentir culpable por cualquiera de las decisiones que has tomado y que te producen miedo si decides emprender algo nuevo en tu vida.

Las personas tóxicas necesitan destruir la autoestima de los demás para sentirse bien, son adictos emocionales al maltrato.

Sé fuerte. Debes darte valor y enseñar a las personas cómo quieres que te traten, sin ningún tipo de remordimiento. Debes marcar límites antes de que afecte a tu autoestima y entonces sea mucho más difícil romper con esa situación.

Ese tipo de gente, la gran mayoría de veces te tratan como ellos fueron tratados.

Todos y cada uno de nosotros tenemos una parte tóxica dentro de nosotros mismos, es humano, pero lo importante es saber reconocerla y trabajarla para que, por muy pequeña que sea, marque de manera negativa tu vida y la de los demás.

¿Qué postura debes adoptar entonces ante estas personas dañinas? Aléjate de ellas y, sobre todo, nunca escuches e integres eso en tus creencias.

¿Que cambie?

"¿Que cambie?

No me pidas que cambie la forma de hablarte,

mas bien tú cambia la forma de escucharme.

No me pidas que deje de hacer las cosas que te disgustan, mas bien tú deja de disgustarte por las cosas que hago.

No me pidas que cambie la forma de expresarme,

mas bien tú aprende mi estilo de comunicar.

Sí, ¿ves? Es fácil pedir antes que dar,

demandar sin ponerse en mi lugar.

> Más cuando la reacción natural es juzgar y no aceptar.
>
> Pero ¿sabes? Tienes razón… debo cambiar,
>
> voy a cambiar…
>
> Adiós".
>
> Hugo Tovar, del libro *Mil partes*.

Bien, ahora vamos a hacer todo lo contrario.

Haz otra lista con esos malos hábitos que has adoptado como tu forma de vida y que lo único que hacen es empobrecerte en todos los sentidos. Me refiero a llegar tarde a los sitios, mentir indiscriminadamente, procrastinar, interrumpir a las personas que te rodean, dormir demasiado…

¿Qué es lo que pretendo con todo esto? Que seas plenamente consciente de quién eres y que nadie se encargue de encasillarte.

La percepción que tenemos todos y cada uno de nosotros de la realidad que nos rodea es diferente.

Responsabilízate de tu vida y conócete a la perfección, hasta tal punto que nadie te haga dudar a cerca de tus valores o tus características como persona.

A algunas personas les puede costar encontrar las virtudes, pero, créeme, todos las tenemos. Deshazte de todas esas creencias limitantes que te están paralizando y valórate.

Esas limitaciones pueden ser el efecto de una educación basada en el menosprecio, o simplemente de vivir en una situación difícil durante demasiado tiempo de su vida.

Mírate al espejo cada día y regálate pensamientos bonitos.

Aspectos negativos todos los tenemos. Algunos los muestran abiertamente sin ningún tipo de perjuicio y otros se empeñan en esconderlos, pero llega un momento en tu vida en el que debes tomar la decisión: DEJA DE CASTIGARTE.

Ahora es el momento oportuno, no mañana, y jamás dudes del gran valor que tienes como persona.

Todos somos reemplazables, pero irrepetibles.

Repítete una y otra vez: **VOY A SER GRANDE Y NADA NI NADIE ME LO VA A IMPEDIR.**

¡A por todas!

10

TRÁTATE CON AMOR

"Deja siempre suficiente tiempo en tu vida para hacer algo que te haga feliz, te deje satisfecho y te traiga alegría. Esto tiene más poder sobre nuestro bienestar que cualquier otro factor económico".

Paul Hawken.

S i de verdad deseas cambios importantes en tu vida, empieza por modificar tus diálogos internos.

¿Eres demasiado exigente a la hora de valorarte?

Debes tener siempre presente que no estás obligado a aguantarlo todo, la paciencia tiene límites y debes disfrutar de la vida. No te limites a soportar.

¿Confías plenamente en ti y en las decisiones que puedas tomar con respecto a tu vida?

Deja que todo fluya, no te preocupes antes de tiempo por lo que pueda pasar, ya que quizá nunca pase. Confía en ti, en tu inteligencia y en tu experiencia, porque nadie sabe mejor que tú qué es lo que necesitas.

No necesitas nada más para caminar hacia delante que un paso firme y la confianza ciega en ti de que vas a conseguir todo lo que te propongas.

A veces puedes llegar a ser tan exigente contigo mismo que incluso te provocas ese desagradable sentimiento de frustración que no te deja levantar cabeza.

Con esa actitud pones en riesgo tu salud, las relaciones con las personas que quieres y, en definitiva, tu vida, desviándote del camino correcto.

Ten presente que hay tiempo para todo si te organizas, y está muy bien luchar por lo que quieres conseguir, pero encárgate de que el precio que vayas a pagar no sea demasiado alto.

Deja a un lado el *qué dirán*, no alargues en el tiempo relaciones dañinas para ti únicamente por miedo y quiérete.

Los pensamientos negativos que inundan tu mente minuto a minuto, permitir que te ignoren o que no te valoren… todo eso es un reflejo de que no te estás amando como deberías hacerlo.

Y, como ya te he mencionado antes, ámate tal y como eres, no es necesario que consigas grandes cosas para ser especial y único.

Nos han enseñado desde muy pequeños que el que consigue triunfar en la vida es aquel que cuenta con un gran número de amigos, el que acaba su carrera en la universidad con éxito y es capaz de estudiar un posgrado, aquel que forma la familia más feliz del mundo con su pareja e hijos…

LA MAYORÍA DE PERSONAS, POR CULPA DE ESTAS CREENCIAS, EXPERIMENTAN DOS VIDAS PARALELAS.

UNA ES LA QUE TIENEN Y LA OTRA ES LA QUE LES GUSTARÍA VIVIR.

No seas de ese tipo de personas y trátate con amor, haciendo lo que de verdad deseas.

Sí, lo sé… me vas a decir que no es fácil. Yo no te he dicho que lo sea, pero te aseguro que los días pasan y, si tienes suerte, llegarás a la vejez, mirarás a tu alrededor y analizarás cuáles son las cosas que has conseguido en tu vida.

Entonces es posible que ya sea tarde para emprender un proyecto, aquel que te hacía vibrar. Es probable que si no has hecho las cosas como las querías hacer, te encuentres solo en la vida y, en ese momento, te arrepientas de no haber actuado de una manera diferente.

Permítete ser diferente al resto, ya que tu energía es única, sé coherente agradeciendo todo el amor que puedes darte a ti mismo y a los que te rodean.

> TRABAJA TU AUTOESTIMA, PUES LA VIDA TE DARÁ TODO LO QUE CREAS QUE TE MERECES.

¿Estás realmente dándole prioridad a tu vida antes de complacer a los demás?

Probablemente te pase lo mismo que me pasó a mí.

Me educaron de manera que mi cerebro reconocía como actitud negativa cada vez que me cuidaba y pensaba en evolucionar.

Una vocecita incansable me repetía una y otra vez que era una actitud egoísta y que debía pensar primero en los demás antes que en mí misma.

Si también es tu caso, te ruego que abandones esa idea, ya que en muchas ocasiones no conseguimos prosperar en la vida por nuestra falta de confianza y de amor en nosotros mismos.

No tengas miedo a cuestionarte, no siempre vas a tener la razón absoluta, pero nunca des el poder para decidir sobre tu vida a amigos, compañeros de trabajo o relaciones que puedas tener con otras personas que no te conocen de la misma manera que te conoces tú.

En mi caso, llegó un momento en mi vida en que le daba tanta credibilidad a las opiniones ajenas que llegué a pensar que yo no valía para nada.

¿Vas a hacer caso a otros ojos que no sean los tuyos en lo que se refiere a ti?

¿Quién te conoce mejor que tú? Nadie.

"Todos los niños nacen genios, pero la sociedad los aplasta".

Michio Kaku.

Recuerdo en una ocasión tener una entrevista con una persona, quien estaba valorando mis aptitudes en el terreno laboral y mi actitud ante la vida.

La entrevista me cogió por sorpresa, ya que no estaba programada, y solo puedo dar las gracias por aquel día.

Yo, en aquel entonces, tenía tres hijos y una vida laboral interesante, y me había divorciado por iniciativa propia hacía relativamente poco.

Mi estabilidad laboral, familiar y económica dependía única y exclusivamente de mí.

En aquella época, aunque no me sobraba tiempo, era extremadamente feliz.

Aquella persona que me entrevistó nunca antes había tenido una conversación conmigo y, basándose en comentarios, informes y cualquier otro criterio que desconozco, sin darse cuenta cuestionaba mi vida, haciendo preguntas que para nada entendía: "No me lo puedo creer… ¿eres madre de dos niños? ¿Estás llevando tu hogar absolutamente sola?".

Y más preguntas que lo único que reflejaban era sorpresa.

Desconozco qué información sobre mí llegó a sus manos, pero ese día aprendí una gran lección: las valoraciones que otras personas puedan hacer de ti no deben tener ninguna fuerza sobre las decisiones que tomes en tu vida.

Algunas personas, sin saber ni siquiera quién eres, te valoran e incluso te menosprecian.

No debes hacer caso NUNCA, pues realmente se trata de personas que no se han molestado en conocerte.

Aparta de tu vida todo eso, dedícate a tratarte con cariño cada minuto de tu día, ya que gran parte de esas valoraciones carecen de sentido y no está en tus manos poder eliminarlas de las mentes y las bocas de los demás.

¿En qué debes centrarte? En cuidarte y mimarte todo lo que puedas, para poder ofrecer al mundo lo mejor de ti.

Te aseguro que si lo haces, todas esas dudas que en otras ocasiones no te dejaban tomar una decisión se esfumarán y confiarás en ti, ya que sabrás que lo has hecho lo mejor que has podido. Además, todos esos comentarios destructivos pasarán desapercibidos e incluso te despertarán compasión.

Es un trabajo interno que debes hacer siempre, no es un cambio que vayas a conseguir de la noche a la mañana, pero… vale la pena intentarlo, ¿no crees?

11

MEDITA

"Se trata simplemente de sentarse silenciosamente, observando los pensamientos pasando a través de ti. Simplemente observando, no interfiriendo, no juzgando, porque en el momento en el que juzgas, has perdido la pura observación. El momento en que dices 'Esto es bueno, esto es malo', has saltado en el proceso de pensamiento".

Osho.

La meditación es una técnica milenaria que aportará muchos beneficios para tu bienestar emocional y mental.

Llegar a dominar la meditación no es fácil, pero lo único que necesitas es práctica, así que empieza poco a poco y, con el paso de los días, irás notando tu evolución.

No tengas prisa e inténtalo. No tienes nada que perder y sí mucho que ganar.

¿Qué beneficios te puede aportar la meditación?

- Afecta positivamente tu sistema inmunológico.

- Mejora tu capacidad de concentración.

- Aumenta la tolerancia al dolor.

- Mejora la memoria y las funciones cognitivas.

- Te ayuda a pensar en positivo.

Para empezar a meditar no necesitas grandes cosas, lo más importante es la predisposición.

Debes confiar en tu cuerpo y en tu mente, dejándote llevar por las sensaciones que puedas sentir en ese momento.

Encuentra ese momento para ti, por muchas resistencias que te encuentres en el camino sigue hacia delante, no abandones y, poco a poco, día tras día, irás viendo con tus propios ojos la evolución positiva.

Bien, lo primero que necesitas es ponerte ropa cómoda, así que quítate los zapatos y vístete con ropa ancha.

Elige prendas que no opriman ninguna parte de tu cuerpo, pues lo recomendable es sentirte de igual manera que si fueras desnudo. Comodidad absoluta.

Busca un lugar tranquilo y apártate de todo aquello que te pueda interrumpir. Nada ni nadie debe interferir en esos minutos de conexión contigo mismo, así que elige el lugar con cariño. Puede ser tu habitación, el jardín si lo tuvieras… pero, sobre todo, lo más importante es que en ese lugar te sientas completamente relajado.

Para meditar existen muchas posiciones: puedes sentarte en el suelo con la espalda recta, aunque relajada, en una silla, o bien tumbado.

Yo normalmente medito estirada, ahora, eso sí… aunque al principio te cueste, debes procurar no dormirte y vivir el proceso de manera consciente.

Cerrarás tus ojos, ya que eso ayudará a concentrarte mejor, y te centrarás en tu respiración, que debe ser abdominal.

No intentes eliminar todos los pensamientos que aparezcan en tu cabeza, eso al principio es casi imposible.

Te llegarán ideas absurdas basadas en tus obligaciones diarias, como si has tirado la basura, o intentarás hacer un repaso mental a tu nevera para saber qué tienes que ir a comprar.

Tranquilo, es completamente normal. No te preocupes, no hay nada que estés haciendo mal.

La respiración es un proceso automático y nutre tus células con oxígeno, pero si consigues respirar correctamente, también te *recarga* de otras muchas maneras.

La respiración es sinónimo de vida, pero… **¿prestas atención en algún momento del día a este gran milagro?**

"La vida no te está esperando en ninguna parte, te está sucediendo. No se encuentra en el futuro como una meta que haz de alcanzar, está aquí y ahora, en este mismo momento, en tu respirar, en la circulación de tu sangre, en el latir de tu corazón. Cualquier cosa que seas, es tu vida, y si te pones a buscar significados en otra parte, te la perderás".

Osho.

Seguro que lo haces de manera involuntaria y nunca te has parado a pensarlo.

Bien, te invito a que pares un momento y observes tu respiración, presta atención a cómo entra y sale el aire de tu cuerpo. Haciendo este simple ejercicio, ya estarás aquietando tu mente, tus pensamientos serán mucho menos agitados.

Cuando eras un bebé, tu respiración era completamente diferente a la que utilizas ahora.

Si observas a un bebé en un momento de total tranquilidad, cuando está en los brazos de alguno de sus padres, podrás ver cómo su barriguita se infla, como si de un globo se tratase.

Cuando nos volvemos adultos, perdemos esa gran habilidad, a no ser que la trabajemos conscientemente. La respiración es mucho más superficial, pues utilizamos únicamente la parte superior de los pulmones y recogemos el aire necesario e imprescindible para mantenernos vivos.

Es normal, debido al estrés y al ritmo acelerado de tu rutina diaria. Son tus pensamientos y tus experiencias las que marcan tu manera de respirar, cuando debería ser totalmente al contrario.

Para aprender a controlar la respiración, acuéstate boca arriba, en una posición cómoda. Sitúa tus manos en el abdomen (justo encima del estómago) y, antes de empezar, suelta todo el aire de tus pulmones varias veces.

Ahora, coge aire profundamente por la nariz, con la única intención de hinchar, y llénate en sentido ascendente. No fuerces, pero intenta absorber todo el aire que sea posible muy lentamente.

Mantenlo en tu interior unos instantes, sin que sientas presión, y exhala el aire de forma descendente como si te estuvieras deshinchando. Lo ideal es que lo expulses también por la nariz, pero si te sientes más cómodo, hazlo por la boca.

Lo último que tiene que descender son tus manos, que deberán estar todavía colocadas en la posición inicial.

Siente el vacío de tus pulmones.

La mente no descansa ni un momento, así que, aunque únicamente consigas centrarte unos pocos minutos al principio, no abandones, es totalmente normal.

Cuando te decidas a meditar, acepta todos y cada uno de esos pensamientos que vayan surgiendo, no les des vueltas, déjalos ir y vuelve a centrarte en tu respiración.

Debes empezar poco a poco y, con el paso de los días, llegar a meditar unos treinta minutos.

Tan solo con prestar atención y ser consciente de lo importante que es para tu vida respirar correctamente, irás notando los siguientes cambios:

-Relajarás tu mente.

-Gestionarás mejor el estrés.

-Estimularás tu corazón.

-Tu cuerpo estará mucho más descansado.

Los beneficios son incontables, tanto de la respiración consciente como de la práctica de la meditación. Entonces… ¿por qué no probarlo? ¿Qué perderías si lo intentas?

Mi vida cambió por completo con el paso de los días y me gustaría que la tuya también lo hiciera.

La vida es continuo aprendizaje y, si cierras la puerta a lo desconocido, nunca podrás averiguar qué habría sucedido si lo hubieras intentado.

¡Hazlo por ti!

Inténtalo. Siempre estás a tiempo de abandonar, aunque espero que ese no sea tu caso.

12

APRENDE A DISFRUTAR DE LAS PEQUEÑAS COSAS

"Disfruta de las pequeñas cosas, porque tal vez un día vuelvas la vista atrás y te des cuenta de que eran las cosas grandes".

Robert Breault.

Vives tu rutina, cada día se repite casi la misma historia. Pasan los meses, los años, la vida.

Sueles marcarte grandes metas que debes conseguir en un futuro próximo y no eres capaz de apreciar los pequeños regalos que te ofrece la vida.

Esta actitud te destruye por dentro.

Es fundamental, bajo mi punto de vista, que te marques retos y camines incansablemente hasta conseguirlos, pero mira a tu alrededor mientras tanto.

Tómate un respiro y no te dejes llevar por la rutina y las obligaciones. Te lo aseguro, hay tiempo para todo, lo único que debes hacer es organizarte.

Hay pequeñas cosas en esta vida que te hacen sentir inmensamente feliz y no las valoras como deberías.

¿Recuerdas el olor a tierra mojada después de llover?

¿Y cuando leíste el último libro y no podías parar de la emoción?

¿Y el abrazo de la persona que amas o el calor del sol cuando tienes frío?

¿Has pisado la hierba con los pies descalzos?

¿Has escuchado el sonido de la lluvia antes de dormir?

Hay cosas en la vida que no debes olvidar jamás, debes disfrutar de esas pequeñas cosas.

Conduce hacia tus sueños, pero de vez en cuando para el motor y bájate del coche.

No te olvides, al levantarte cada mañana, de decirles a las personas que quieres que las amas y hacerles saber lo importantes que son para ti. Rompe la rutina.

¿Sabes a ciencia cierta si los vas a volver a ver?

Pon los cinco sentidos y el alma cada vez que decidas hacer algo.

¡DISFRÚTALO!

Si tienes que replantear la ruta que vas a seguir, no te lo pienses y céntrate en tus sueños con la mejor compañía.

"Si no puedes hacer grandes cosas, haz pequeñas cosas de manera grandiosa".

Napoleón Hill.

Tu vida es como un folio en blanco y tú debes decidir qué escribes cada día para sentirte realizado. Disfruta de tu ahora haciendo lo que te hace feliz.

Lain García Calvo

Recuerdo perfectamente el momento en que te conocí.

Yo estaba postrada en mi cama, ya que una de mis hernias discales me impedía moverme, era por la mañana y llevaba horas en la misma posición.

Mis padres cuidaban a mis tres hijos y durante unos días no pude ir a trabajar.

Mi cabeza daba vueltas, hora tras hora, yo no quería estar así.

Algo dentro de mí me dijo que cogiera el teléfono móvil y dejara a un lado el libro que estaba leyendo.

De pronto apareció en mi pantalla, sin buscar absolutamente nada, un vídeo de Lain.

Sentí que él era especial, sentí que tenía que saber más de lo que me estaba explicando en un simple vídeo.

No esperé ni un minuto, compré su libro: *La Voz de tu Alma.*

Mi vida se transformó.

Lain García Calvo está considerado uno de los principales líderes en desarrollo personal de habla hispana y uno de los más leídos.

Él transformó su vida y ahora ayuda a miles de personas a que puedan hacer lo mismo, gracias a sus libros y a sus eventos.

Lain, yo solo puedo darte las gracias.

Gracias por existir, gracias por creer en nosotros y gracias en particular por ayudarme como lo estás haciendo a que mis sueños se cumplan.

Sin ti, sin esa forma que tienes tan extraordinaria de motivarme hasta en los momentos más difíciles, no habría sido posible escribir este libro.

Los sueños se cumplen.

Si todavía no lo conoces, te invito a que lo hagas. No te dejará indiferente.

Entra en: www.laingarciacalvo.com

PODRÁS ENCONTRARME EN:

 *Virginia Ortega Langreo*

 *Virginia Ortega Langreo*

 *@virginiaortegalangreo*

 *www.virginiaortegalangreo.com*

www.ingramcontent.com/pod-product-compliance
Lightning Source LLC
LaVergne TN
LVHW090001180726
843489LV00001B/313